상수리 출판사 샹수리

상수리나무는 가뭄이 들수록 더 깊게 뿌리를 내리고
당당하게 서서 더 많은 열매를 맺습니다.
숲의 지배자인 상수리나무는 참나무과에 속하고, 꿀밤나무라 불리기도 합니다.
성경에 아브라함이 세 명의 천사를 만나는 곳도 상수리나무 앞이지요.
이런 상수리나무의 강인한 생명력과 특별한 능력을 귀히 여겨
출판사 이름을 '상수리'라고 했습니다.
우리 어린이들에게 상수리나무의 기상과 생명력을 키우는
좋은 책을 계속 만들어 가겠습니다.

생각하고 놀며 공부하는

철학 하는 어린이 워크북

1

상수리

이렇게 활용해 보세요!

이 책은 《행복이 뭐예요?》 《함께 사는 게 뭐예요?》 《자유가 뭐예요?》 《예술이 뭐예요?》
《나는 누구일까요?》의 내용을 바탕으로 구성되었습니다.
책과 함께 보면서 해답을 찾다 보면 생각하는 힘과 논리력을 키울 수 있습니다.

생각 씨앗을 심어요

1 행복을 떠올리면 어떤 느낌이 드나요? 행복에 대한 나의 생각을 써 보세요.

(1) 언제 행복하다고
느낄까요?

(2) 돈이 있으면
행복할까요?

(3) 행복해지려면
친구들이 필요할까요?

(4) 왜 우리는
가끔씩 불행할까요?

2 내 인생에서 가장 행복했던 날을 글로 써 보고, 행복한 표정을 그려 보세요.

생각 씨앗을 심어요

철학적 주제를 고민해 보기 전에, 책의 핵심 내용을 충분히 알고 있는지 이것저것 생각을 끄집어내는 방법을 알아보는 단계입니다.

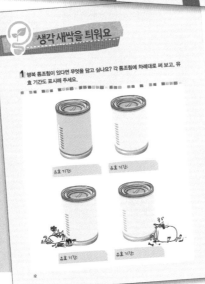

생각 새싹을 틔워요

1 행복 통조림이 있다면 무엇을 담고 싶나요? 각 통조림에 차례대로 써 보고, 유효 기간을 표시해 주세요.

유효 기간:

유효 기간:

유효 기간:

유효 기간:

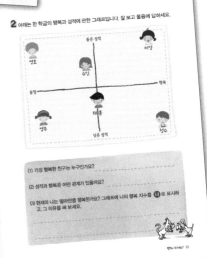

2 아래는 한 학급의 행복과 성적에 관한 그래프입니다. 잘 보고 물음에 답하세요.

(1) 가장 행복한 친구는 누구인가요?

(2) 성적과 행복은 어떤 관계가 있을까요?

(3) 현재의 나는 얼마만큼 행복한가요? 그래프에 나의 행복 지수를 ♥로 표시하고, 그 이유를 써 보세요.

생각 새싹을 틔워요

여러 가지 철학적 질문에 대해 생각을 차근차근 정리하는 단계입니다. 다양한 답을 생각하는 동안 고정관념에서 벗어나 자율적이고 창의적인 생각을 할 수 있습니다.

생각 열매를 맺어요

앞에서 다룬 철학적 주제를 깊이 있게 생각하는 단계입니다. 다양한 질문에 답을 찾아가면서 생각하는 힘과 논리력을 키울 수 있습니다.

생각 열매를 맺어요

1 세계 여러 나라에서는 '행복'을 어떻게 말할까요? 사전이나 인터넷을 통해 알아보고 나만의 행복 사전을 만들어 보세요.

2 행복하면 떠오르는 느낌을 소리로 표현해 보고, 그 이유도 써 보세요.
(◎ 빗소리, 바람 소리, 휘파람 소리, 악기 소리)

3 주변 사람들을 만나 행복 인터뷰를 해 보고, 아래에 그 내용을 써 보세요.

① 행복이란 무엇이라고 생각하나요?
② 가장 행복했던 순간은 언제예요?
③ 행복하기 위해서는 어떤 노력을 해야 하나요?

행복 인터뷰 1
인터뷰 일시 : ( )년 ( )월 ( )일 ( )시
인터뷰 장소 :
인터뷰 대상(이름) :
①
②
③

행복 인터뷰 2
인터뷰 일시 : ( )년 ( )월 ( )일 ( )시
인터뷰 장소 :
인터뷰 대상(이름) :
①
②
③

행복 인터뷰 3
인터뷰 일시 : ( )년 ( )월 ( )일 ( )시
인터뷰 장소 :
인터뷰 대상(이름) :
①
②
③

생각 농부, 나도 철학자!

1 이래는 윤동주의 시 《별 헤는 밤》의 일부입니다. 이 시를 읽은 다음 나 개인의 자유와 민족 등 우리의 자유가 서로 다른 것인지 아니면 같은 것인지 생각해 보고 글로 표현해 보세요.

별 헤는 밤

윤동주

:

이제는 너무나 멀리 있습니다.
별이 아슬히 멀듯이.

어머니,
그리고 당신은 멀리 북간도에 계십니다.

나는 무엇인지 그리워
이 많은 별빛이 내린 언덕 위에
내 이름자를 써 보고,
흙으로 덮어 버리었습니다.

딴은 밤을 새워 우는 벌레는
부끄러운 이름을 슬퍼하는 까닭입니다.

그러나 겨울이 지나고 나의 별에도 봄이 오면
무덤 위에 파란 잔디가 피어나듯이
내 이름자 묻힌 언덕 위에도
자랑처럼 풀이 무성할 게외다.

2 자유는 내 생활과 얼마나 밀접한 관련이 있을까요? 하루 동안 나에게 벌어졌던 일들 중에서 가장 기억에 남는 일을 자유와 관련하여 설명하거나 표현해 보세요.

_____년 _____월 _____일

생각 농부, 나도 철학자!

사고력을 확장시키는 단계입니다. 가벼운 마음으로 문제를 풀면서 단원을 정리하다 보면 철학이 쉽고 재미있어집니다.

차례

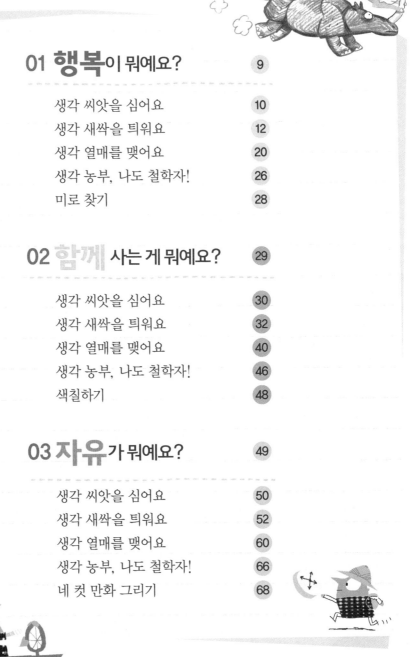

행복이 뭐예요?

오스카 브르니피에 글 | 카트린느 뫼리쓰 그림 | 양진희 옮김

가만히 행복을 떠올리면 어떤 느낌이 드나요? 반대로 불행은 어떤 느낌이 드나요?
지금부터 재미있는 활동을 통해 행복에 대해 알아보세요.

생각 씨앗을 심어요

1 행복을 떠올리면 어떤 느낌이 드나요? 행복에 대한 나의 생각을 써 보세요.

(1) 언제 행복하다고
느끼나요?

(2) 돈이 있으면
행복할까요?

(3) 행복해지려면
친구들이 필요할까요?

(4) 왜 우리는
가끔씩 불행할까요?

2 내 인생에서 가장 행복했던 날을 글로 써 보고, 행복한 표정을 그려 보세요.

- -

- -

- -

생각 새싹을 티워요

1 행복 통조림이 있다면 무엇을 담고 싶나요? 각 통조림에 차례대로 써 보고, 유
효 기간도 표시해 주세요.

유효 기간:

유효 기간:

유효 기간:

유효 기간:

2 아래는 한 학급의 행복과 성적에 관한 그래프입니다. 잘 보고 물음에 답하세요.

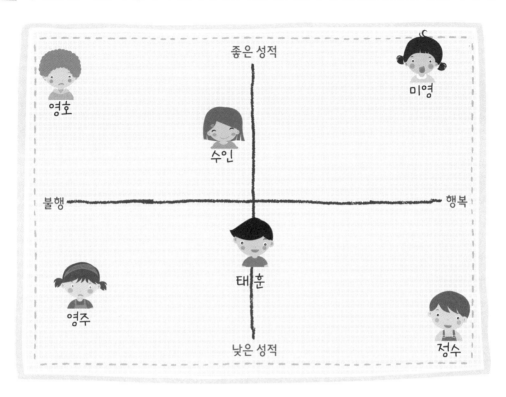

(1) 가장 행복한 친구는 누구인가요?

(2) 성적과 행복은 어떤 관계가 있을까요?

(3) 현재의 나는 얼마만큼 행복한가요? 그래프에 나의 행복 지수를 **나** 로 표시하고, 그 이유를 써 보세요.

(가) 원효 대사가 당나라로 유학길을 떠났습니다. 하루는 어느 절터에서 묵게 되었습니다. 곤히 잠들었던 원효 대사는 몹시 갈증이 나서 잠에서 깼습니다. 그런데 사방이 어두컴컴해서 한 치 앞도 분간할 수 없었습니다. 더듬더듬 겨우 뒤꼍으로 나가 물을 찾았습니다. 마침 바가지에 물이 담겨 있었습니다. 시원하게 물을 들이킨 원효 대사는 다시 단잠을 잘 수 있었습니다.

다음 날 아침, 원효 대사는 떠날 채비를 하고 길을 나섰습니다. 그러나 절터를 채 벗어나지도 못하고 원효 대사는 걸음을 멈추었습니다. 간밤에 시원하게 목을 축였던 뒤꼍에 해골이 나뒹굴고 있었던 것입니다. 어젯밤 원효 대사가 마셨던 건 해골의 썩은 물이었던 겁니다.

이 사실을 안 원효 대사는 구역질을 하기 시작했습니다. 이 일로 큰 깨달음을 얻은 원효 대사는 당나라 유학길을 멈추고 신라로 돌아갔습니다.

(나) 해가 쨍쨍 내리쬐는 오후였습니다. 동네 한 골목에서 네 사람이 각각 나란히 집을 짓고 있었습니다. 커다란 배낭을 멘 여행자가 지나가다 집을 짓고 있는 네 명의 사내에게 차례대로 인사를 건네며 이렇게 물었습니다.

"안녕하세요? 뭐하고 계신가요?"

같은 질문이었지만, 돌아오는 대답은 모두 달랐습니다.

첫 번째 사내가 화를 내면서 대답했습니다.

"눈은 뒀다 뭐하쇼? 벽돌을 쌓고 있소이다. 이 땡볕에 벽돌이나 쌓다니 얼마나 힘들겠소?"

두 번째 사내가 한숨지으며 말했습니다.

"벽돌을 쌓고 있지요. 힘들지만 먹고살려니 어쩔 수 없이 하는 일이오."

세 번째 사내가 자랑했습니다.

"내 집을 짓고 있다오. 조금 있으면 내 집이 생기지요. 하하."

네 번째 사내가 미소를 지으며 대답했습니다.

"사랑하는 여인에게 바칠 집을 짓고 있지요. 내가 온 정성을 다 하니 이 집은 가장 아름다운 집이 될 거요."

(1) (나)의 네 명의 사내들을 행복한 순서대로 번호를 매겨 보세요.

첫 번째 사내 (　　)　　　　두 번째 사내 (　　)

세 번째 사내 (　　)　　　　네 번째 사내 (　　)

(2) 만약 (가)의 이야기에 등장한 원효 대사가 (나)의 이야기 속 네 명의 사내 중 여러분이 가장 불행하다고 생각한 사내를 만났다고 가정해 보고, 둘이 나눌 만한 대화를 상상해서 써 보세요.

원효 대사: 이보게나, 땡볕에서 일하기가 얼마나 힘든가?

사내:

원효 대사:

사내:

원효 대사:

---

4 보기 중에서 가장 행복한 친구는 누구일까요?

> **보기**
>
> 아영: 할머니가 돌아가셔서 마음이 아팠어.
>
> 희태: 친구가 힘센 친구에게 괴롭힘을 당하는데 모른 척 했어.
>
> 주현: 엄마가 심부름 잘했다며 맛있는 간식을 해 줬어.
>
> 민정: 친구가 화를 내서 같이 싸웠어.

① 아영   ② 희태   ③ 주현   ④ 민정

5 '돈이 행복하게 해 줄까?'란 물음에 민영이가 다음과 같이 대답했어요. 찬성 과 반대 중 하나를 선택하여 나의 생각을 써 보세요.

> 돈이 있으면 배고플 때 무언가를 사서 먹을 수 있고 건강하게 지낼 수 있어. 그러니까 행복해지려면 돈이 반드시 필요해.

(찬성합니다, 반대합니다). 그 이유는,

_____

_____

_____

6 보기 를 읽고 내가 생각하는 행복의 조건을 써 보세요.

보기

독일의 철학자 칸트는 행복의 조건을 이렇게 말했습니다.
'첫 번째로는 할 일이 있고, 두 번째로는 사랑하는 사람이 있고, 마지막으로 희망이
있다면 당신은 지금 행복하다.'

첫 번째로는,

두 번째로는,

마지막으로는,

만약 이 외에 더 있다면,

7 다음 `보기` 중에서 '이것이 진짜 행복이야!'라고 생각하는 공식이 있다면 골라 보세요.

보기

① 즐거움＝행복　　② 즐거움＋보람＝행복　　③ 돈＋재미＝행복

(1) 그 공식을 고른 이유는 무엇인가요?

_____

_____

_____

_____

(2) (1)에서 쓴 이유를 근거로 나만의 공식을 새로 만들어 보세요.

_____

_____

_____

_____

8 수지는 며칠 전 '초딩들의 행복 수다' 카페에 가입했습니다. 카페에 올라온 글을 읽고 물음에 답하세요.

제목: 내 친구는 공주병

바람소녀 | 조회 221 | 추천 0

회원님들 안녕! 고민은 아니고, 그냥 여러분 생각이 궁금해서. 내 친구 중에 은주라는 애가 있어. 항상 웃고 다니지. 그 이유가 뭔지 알아? 자기가 참 예쁘다는 거야. 사실 은주는 정말 못난이거든. 눈, 코, 입 중에서 예쁘게 생긴 구석이 하나도 없어. '친구가 공주병에 걸렸으면 도와줘야지.' 하는 생각에 사실대로 말해 줬지. 그래도 자기 자신은 세상에서 단 하나뿐이어서 예쁘다는 거야. 내 생각에는 못생기면 불행할 것 같은데, 은주는 행복하대. 정말 은주는 행복한 걸까?

---

(1) 은주는 행복한 친구일까요? 나의 생각을 써 보세요.

- -

- -

(2) 내가 수지라면 위의 글을 읽고 어떤 댓글을 달까요? 글을 올린 친구가 '행복'에 대해 이해할 수 있도록 댓글을 대신 써 보세요.

- -

- -

1 세계 여러 나라에서는 '행복'을 어떻게 말할까요? 사전이나 인터넷을 통해 알아보고 나만의 행복 사전을 만들어 보세요.

2 행복하면 떠오르는 느낌을 소리로 표현해 보고, 그 이유도 써 보세요.

(예 빗소리, 바람 소리, 휘파람 소리, 악기 소리)

3 주변 사람들을 만나 행복 인터뷰를 해 보고, 아래에 그 내용을 써 보세요.

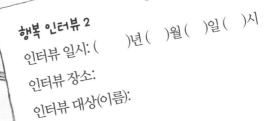

인터뷰 내용

① 행복이란 무엇이라고 생각하나요?
② 가장 행복했던 순간은 언제인가요?
③ 행복하기 위해서는 어떤 노력을 해야 하나요?

행복 인터뷰 1

인터뷰 일시: (   )년 (   )월 (   )일 (   )시

인터뷰 장소:

인터뷰 대상(이름):

①

②

③

행복 인터뷰 2

인터뷰 일시: (   )년 (   )월 (   )일 (   )시

인터뷰 장소:

인터뷰 대상(이름):

①

②

③

행복 인터뷰 3

인터뷰 일시: (   )년 (   )월 (   )일 (   )시

인터뷰 장소:

인터뷰 대상(이름):

①

②

③

4 행복 방송국의 저녁 뉴스 시간입니다. 행복에 관한 연구 결과가 발표되었다는 군요. 뉴스를 한번 살펴볼까요?

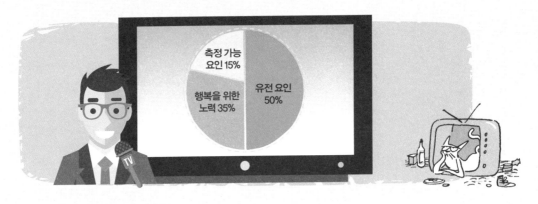

　　우리들이 느끼는 행복감이란 무엇에 의해 결정이 되는 걸까요? 한 연구에 따르면, 행복감의 50퍼센트는 유전적인 요인에 의해서 결정이 난다고 합니다. 실제로 다른 환경에서 자라난 쌍둥이의 경우 행복감의 50퍼센트 정도가 일치하는 것으로 나타났습니다. 이는 쌍둥이를 대상으로 한 다양한 연구 결과를 통해 증명되었습니다. 그리고 10~15퍼센트는 수입, 결혼, 사회적 지위 등 우리가 객관적으로 가늠할 수 있는 요인 등에 의해 결정된다고 합니다. 그 외 나머지 35~40퍼센트를 차지하는 것은 바로 우리가 더욱 행복해지기 위해 스스로 행하는 노력이라고 합니다. 예를 들면 직업이나 학업 외에 즐거움을 느낄 수 있는 (①) 활동, 스스로를 되짚어 보거나 능력을 향상시키는 (②) 계발, (③) 관계를 원만히 하기 위해 활동을 통한 주변 사람들과 좀 더 잘 지내려는 노력 등이라고 할 수 있습니다.

　　세상에 불행해지기 위해서 태어난 사람은 없을 것입니다. 그러니 '불행해지기 위해 태어나지는 않았을 것이다!' 이렇게 생각하면 행복감의 (④)퍼센트는 보장이 되는 셈입니다. 여기에 스스로 행복해지기 위해서 최선의 노력을 더한다면 누구라도 행복감의 (⑤)퍼센트는 느낄 수 있다는 결론입니다.

(1) ①, ②, ③에 알맞은 말은 어떤 것일까요?

①

- -

②

- -

③

- -

(2) ①, ②, ③의 활동으로는 어떤 것들이 있을까요? 내가 하고 싶은 것들을 생각해 보세요.

①

- -

②

- -

③

- -

(3) ④에 들어갈 알맞은 숫자 무엇일까요?

- -

(4) ⑤에 들어갈 알맞은 숫자 무엇일까요?

- -

5 다음 글을 읽고 물음에 답하세요.

행운과 행복은 분명 다른 말인 것 같습니다. 왜냐고요?

다른 사람들보다 더 많은 행운을 누리는 사람들은 걱정이나 고민이 없을 것 같습니다. 하지만 그런 행운을 누리고 사는 사람들이 많은 곳에, 마음의 고통을 치료해 주는 정신과 병원이 다른 지역보다 훨씬 더 많이 있습니다. 이런 사실을 보면 행운과 행복이 분명 다른 말이라는 걸 알 수 있습니다.

저는 겉으로 보기에는 불행할 일이 없을 것만 같은 부와 명예 등 큰 행운을 누리고 사는 사람들을 상담하는 의사입니다. 어느 날 저는 먼 여행을 떠나기로 결심했습니다. 도대체 진짜 행복이란 과연 무엇인지 알고 싶었기 때문이었지요. 저는 전 세계를 돌아다니면서 많은 사람들을 만났습니다. 그리고 행복이 무엇이라고 생각하는지 물어 보았습니다. 다음은 세계 곳곳의 사람들이 살아가는 모습과 그들의 이야기를 들으면서 행복에 대해 정리한 것입니다.

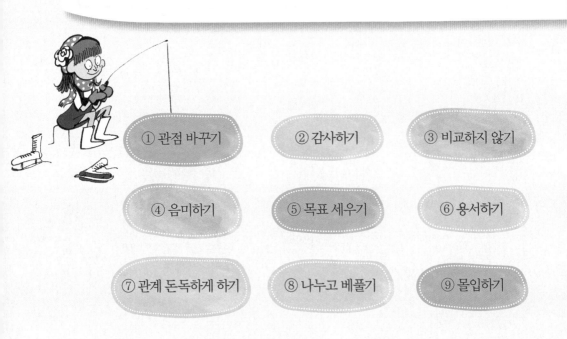

① 관점 바꾸기　　② 감사하기　　③ 비교하지 않기

④ 음미하기　　⑤ 목표 세우기　　⑥ 용서하기

⑦ 관계 돈독하게 하기　　⑧ 나누고 베풀기　　⑨ 몰입하기

(1) 다음 ㉮~㉲는 위의 이야기 속 정신과 의사가 여행을 통해 행복에 대해 정리한 것들입니다. ㉮~㉲를 읽고, ①~⑨까지 알맞은 번호를 괄호 안에 써 넣어 보세요.

㉮ 감사는 행복의 열쇠입니다. (   )

㉯ 행복의 최대 적은 남과 비교하는 것입니다. (   )

㉰ 행복은 마음에 달려 있습니다. (   )

㉱ 목적이 이끄는 삶은 행복합니다. (   )

㉲ 현재를 충분히 즐기는 것이 행복입니다. (   )

㉳ 무언가에 집중하다 보면 마음이 행복해집니다. (   )

㉴ 행복은 사람과 사람 사이에 있습니다. (   )

㉵ 내가 행복해지는 가장 좋은 길은 남을 행복하게 하는 것입니다. (   )

㉶ 용서는 자신에게 주는 최고의 선물입니다. (   )

(2) ①~⑨ 중에서 한 가지를 골라 이와 관련해 자신이 경험했던 일을 써 보세요.

생각 농부, 나도 철학자!

1 다음을 읽고 디오게네스의 대답이 무엇을 뜻하는지 '행복'과 관련하여 글을 써 보세요.

어느 날, 알렉산더 대왕이 철학자 디오게네스를 찾아갔습니다. 세상을 정복한 알렉산더 대왕은 현실에 아랑곳하지 않는 올곧은 태도의 디오게네스를 흠모했습니다. 디오게네스는 평소처럼 편안한 자세로 강둑에 기대어 해를 쬐고 있었습니다. 디오게네스는 모습은 허름했지만, 내면에서 뿜어져 나오는 지혜로 빛나고 있었습니다. 알렉산더 대왕은 디오게네스 곁으로 가까이 갔습니다. 그러고는 세상에서 가장 많은 것을 가진 것을 자랑하고 싶었는지 잘난 체하며 말했습니다.

"당신이 원하는 것은 무엇이든 해 주지. 내게 말해 보시오."

그러자 디오게네스가 아무런 망설임도 없이 말했습니다.

"당신이 지금 햇볕을 가리고 있잖소. 저리 비켜 주시오."

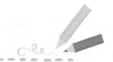

2 '랑'으로 끝나는 네 개의 단어 중 두 개를 골라 행복을 표현하는 동시 한 편을 써 보세요.

말랑말랑   알랑알랑   살랑살랑   쫄랑쫄랑

OX 퀴즈를 풀면서 미로를 탈출해 보세요.

출발

감사하는 마음을
갖는다면 행복해
지는 것이 쉬울 수
도 있다.

욕심이나 질투 또는
두려움에 지나치게
신경을 쓰면 행복해
질 수 있다.

친구들을 괴롭히지
않고 무시하지 않으면
친구들과 함께
행복할 수 있다.

행복하다는 생각이
들 때는 마음이
붕붕 뜨면서
기분이 좋다.

도착

함께 사는 게 뭐예요?

오스카 브르니피에 글 | 프레데릭 베나글리아 그림 | 이효숙 옮김

함께 사는 것은 무엇일까요? 사람은 혼자 살 수는 없는 걸까요?
지금부터 함께 사는 것에 대해 알아보세요.

생각 씨앗을 심어요

1 다음 여섯 가지 질문과 어울리는 것을 바르게 연결해 보세요.

외로움: 혼자 살고 싶나요? ●

● 우리들은 다른 사람과 더불어 살아도 자유롭게 지낼 수 있어요.

존중: 언제나 사람들을 존중해야 하나요? ●

● 우리는 모두 같은 권리와 의무를 갖고 있습니다.

동의: 다른 사람의 의견에 동의해야 하나요? ●

● 오로지 자신만 옳다고 주장하면 다툼이 생깁니다.

평등: 우리 모두는 평등할까요? ●

● 다른 사람에게 상처를 줄 수 있는 욕설이나 말은 하지 않아야 합니다.

일: 우리는 모두 일을 해야만 하나요? ●

● 모든 사람들의 안락함을 위해서 자유를 제한할 수 있습니다.

권한: 함께 살기 위해서는 규칙이 필요할까요? ●

● 아무것도 하지 않는 삶은 불행합니다.

2 이웃에 산다고 해서 누구나 이웃사촌이 되는 것은 아니에요. 좋은 이웃 사촌이 되려면 어떻게 해야 하는지 내 생각을 써 보세요.

보기

옆집 아주머니에게 밝은 얼굴로 인사를 잘 한다.

1 동훈이네 반에서는 내일 `보기` 의 내용을 가지고 발표를 하기로 했습니다. 동훈이가 쓴 글을 보고 물음에 답하세요.

 보기

> 사람들은 행복하게 살기 위해 서로 도움을 주고받아요.

동훈이의 메모

나는 엄마 아빠의 보물! 왜냐고? 실제로 엄마 아빠는 나를 보물이라고 부르니까. 엄마 아빠는 나 때문에 산대. 내가 없으면 살아갈 이유가 없다고. 하루 종일 일을 하고 돌아와서 지쳤을 때도 내 얼굴을 보면 기운이 펄펄 난다고 말해. 그러니까 나는 힘을 주는 위대한 존재! 하하하.

(1) 동훈이의 메모는 누가 누구에게 도움을 준 내용을 적은 것인가요?

---

(2) 위와 같이 서로에게 도움을 주는 경우를 세 가지 이상 찾아 예를 들어 보세요.

2 존경과 존중이 어떻게 다른 것인지 사전을 찾아 속뜻을 정확히 알아보세요.

3 존중받지 못한다고 느꼈을 때가 있었나요? 그때 기분은 어땠는지 써 보세요.

4 나는 얼마나 경청을 잘하고 있는지 아래 질문으로 확인해 보세요. 해당하는 내용에 ○ 또는 ✕로 표시하세요.

① 나는 상대방이 말하는 동안 얼굴을 쳐다보고 있다. ( )

② 상대방이 말하는 동안 최대한 집중해서 듣는다. ( )

③ 상대방이 말을 마칠 때까지 끼어들지 않고 기다린다. ( )

④ 상대방이 말을 꺼내면 우호적인 마음으로 들을 준비를 한다. ( )

⑤ 상대방이 말을 할 때 관심이나 흥미를 보이면서 맞장구를 친다. ( )

⑥ 이야기를 끝까지 듣기 전까지는 혼자 판단하지 않는다. ( )

⑦ 들으면서 상대의 의도가 무엇인지 이해하려고 애쓴다. ( )

⑧ 잘 모르는 것이 있으면 양해를 구하고 질문을 한다. ( )

⑨ 대화가 시작되면 상대방의 말을 먼저 들으려고 노력한다. ( )

결과 보기

O가 0~1개: 경청 무식자? 경청이 무슨 말인지는 알고 있나요?

O가 2~4개: 경청 초보자! 내가 ✕표 한 것들을 살펴보세요. 상대방이 나에게 그렇게 한다면 어떨 것 같나요?

O가 5~7개: 경청 좀 아는데! 조금만 더 노력하면 더 값진 대화를 할 수 있게 되겠군요.

O가 8개 이상: 경청 왕! 더없이 훌륭한 대화의 태도입니다. 계속해서 이런 자세를 유지하세요.

5 다음은 평등에 관한 친구들의 의견입니다. 내 생각은 어떤지 ⓐ나 ⓑ에 동그라미를 치고 그 이유를 간단히 써 보세요.

(1) 만약 우리가 서로 돕고 가진 것을 함께 나눈다면, 우리 모두는 평등해질 수 있어.(ⓐ 나도 그렇게 생각해. ⓑ 나는 그렇게 생각하지 않아.)

_____

_____

(2) 서로 나눠 갖거나 서로 도우면 불평등이 줄어들 수도 있겠지만 불평등을 완전히 사라지게 할 수는 없어.(ⓐ 나도 그렇게 생각해. ⓑ 나는 그렇게 생각하지 않아.)

_____

_____

(3) 아니야. 우리는 모두 서로 다르니까 평등해질 수 없는 거야.
   (ⓐ 나도 그렇게 생각해. ⓑ 나는 그렇게 생각하지 않아.)

_____

_____

(4) 사람들이 평등해지기 위해서는 모두 서로 비슷해지려고 노력해야 해.
   (ⓐ 나도 그렇게 생각해. ⓑ 나는 그렇게 생각하지 않아.)

_____

_____

6 다음 글을 읽고 물음에 답하세요.

인도의 깊은 숲 속에서 한 소년이 발견되었습니다. 그 소년은 사람을 보자 몹시 두려워했습니다. 게다가 자신을 해치려는 줄 알고 사람을 공격했습니다. 말을 걸어도 말을 하기는커녕 짐승처럼 울부짖었습니다. 알고 보니 소년은 아기 때 숲 속에 버려졌고, 늑대가 물어다 제 자식처럼 키웠던 것입니다. 그래서 소년은 사람의 모습을 하고 있었지만 짐승처럼 행동했습니다. 사람들은 소년을 데리고 가 함께 살았지만 결국 늑대처럼 살다가 죽었습니다. 소년은 사람들 속에 살았지만 완전한 사람으로 돌아오지 못했던 것입니다.

보기

① 사람은 사람으로 태어난다.
② 자라면서 사람이 되는 법을 배운다.

(1) 이야기의 내용은 '보기'의 ①, ② 중 어떤 것에 대한 예로 적당할까요?

(2) '사람답다', '사람 같지 않다'는 말을 하곤 합니다. 어떤 기준에서 그런 말을 할 수 있을까요? 겉모습을 제외한 다른 면을 들어 나의 생각을 말해 보세요.

(3) 현재 '나'라는 사람이 있기까지 가장 큰 영향을 끼친 사람들은 누구일까요? 3명 이상을 꼽아 보고 나에게 끼친 영향이 무엇인지 써 보세요.

이름:

나에게 끼친 영향:

이름:

나에게 끼친 영향:

이름:

나에게 끼친 영향:

----

7 다음 글을 읽고 물음에 답하세요.

지난 화요일 나는 친구들과 공놀이를 하다가 아파트 상가의 유리창을 깼습니다. 부모님은 나 대신 가게 주인 아저씨에게 돈을 물어 주고 잔소리도 들었습니다. 나는 며칠 내내 마음이 편치 않았습니다. 그래서 나는 부모님을 기쁘게 해 드리려고 주말에 집안 청소를 하기로 마음먹었습니다.

드디어 주말 아침, 부모님이 뒷산으로 아침 운동을 간 사이에 나는 청소를 시작했습니다. 하지만 얼마 지나지 않아 뜻하지 않는 일이 벌어졌습니다. 흥이 난 나머지 청소기 손잡이를 뱅그르르 돌렸는데, 그만 놓치고 말았던 것입니다. 그 순간, 와장창 부모님이 아끼는 도자기가 깨졌습니다.

(1) 착한 마음으로 잘못된 행동을 할 수 있는 걸까요? 의도하지 않았지만 결과가 나쁘다면 벌을 받아야 할까요? '보기'의 '나'는 과연 벌을 받아야 하는지 아닌지에 대해 내 생각을 글로 써 보세요.

- -

- -

(2) 다음 글을 읽고 가족들의 의견을 기록해 보세요. 친구들과 토론을 해도 좋습니다. 자신을 제외한 최소 세 명 이상의 의견을 적어 보세요.

참석자 이름:

의견:

이유:

참석자 이름:

의견:

이유:

참석자 이름:

의견:

이유:

(3) 회의 결과, 나의 생각이 처음과 달라졌나요? 달라졌다면 왜 그런지 말해 보세요.

- -

- -

(4) 참석자들이 내린 결론은 무엇인가요? 그 이유도 적어 보세요.

- -

- -

- -

생각 열매를 맺어요

1 보기 의 두 작품은 종종 비교가 되고는 합니다. 다음 두 작품에 관한 질문에 답하세요.

보기

(가) 로빈슨 크루소

〈로빈슨 크루소〉는 다니엘 디포가 지은 영국의 대표 소설입니다. 더 큰 세상을 만나기 위해 바다로 모험을 떠난 주인공 로빈슨 크루소는 난파 사고로 무인도에 표류하게 됩니다. 무인도에서 홀로 생활하다가 28년 만에 고국으로 돌아갑니다.

(나) 캐스트 어웨이

주인공이 무인도에서 표류하다가 탈출에 성공하는 이야기를 담은 영화입니다. 택배 회사의 직원인 주인공 놀랜드는 말레이시아 행 화물 비행기를 타고 가다 비행기 사고로 무인도에 표류하게 됩니다. 무인도에서 4년간 온갖 고생을 한 끝에 그는 결국 탈출에 성공합니다.

(1) (가)와 (나)의 비슷한 점은 무엇인지 써 보세요.

(2) 만약 여러분이 무인도에 표류하게 된다면, 그리고 가져갈 수 있는 것이 딱 세 가지만 있다면 어떻게 할 건가요? (나)의 주인공을 맡은 배우 톰 행크스는 이 같은 질문에, 치약, 칫솔, 그리고 가장 절실한 것은 '친구'라고 꼽았다고 합니다. 여러분은 무엇을 가지고 갈 건가요? 각각 그 이유도 말해 보세요.

첫 번째:

그 이유는:

두 번째:

그 이유는:

세 번째:

그 이유는:

2 다음 글을 읽고 물음에 답하세요.

소크라테스는 아테네 시민들에게 지혜를 전하는 철학자였습니다. 하지만 정치가들은 소크라테스를 몹시 못마땅하게 여겼습니다. 자신들의 권위를 인정해 주지 않는다는 이유였습니다. 그들은 소크라테스에게 죄를 뒤집어씌워 죽이기로 했습니다. 그들은 '신을 모독했다.'는 이유로 소크라테스를 잡아들이고는 사형 판결을 내렸습니다. 소크라테스를 사랑하는 친구들은 도움을 줄 테니 도망가라고 했습니다. 하지만 그는 당당히 독약을 마시고 죽음을 택했습니다. 그리고 죽기 전에 이런 말을 남겼습니다.

"나는 그동안 아테네 시민들에게 어떤 것이 옳은지 정의에 대해 말해 왔네. 만약 내가 살기 위해서 도망친다면, 그동안 내가 말한 것에 누가 귀를 기울이겠는가. 사람들이 지혜를 사랑할 수 있게 된다면 내 목숨 따위는 아깝지 않네."

(1) 누구는 법을 지키고 누구는 안 지킨다면 사회는 어떻게 될까요?

----

(2) 만약 소크라테스가 친구들의 말을 들었다면 아테네 시민들은 어떤 반응을 보였을까요?

----

3 '행운' 하면 무엇이 떠오르나요? 아마도 누구나 쉽게 떠올리는 것이 행운의 상징인 네잎클로버일 것입니다. 다음 물음에 답하세요.

(1) 네잎클로버를 찾기는 쉽지 않습니다. 그보다는 세잎클로버가 훨씬 많지요. 세 잎클로버의 꽃말을 찾아보세요.

_____

_____

_____

(2) 우리는 행운이 따르는 사람을 보면 부러워합니다. 그러면서 들판에 나가 네 잎클로버를 찾듯이 행운을 쫓지요. 하지만 우리가 행운만 쫓아서는 안 됩니다. 그 이유를 써 보세요.

_____

_____

_____

_____

4 다음 글을 읽고 물음에 답하세요.

(가) 다툼과 증오만이 가득 찬 마을이 있었습니다. 어느 날, 신들의 왕 제우스가 사람들의 행동을 살펴보기 위해 인간 세상으로 내려왔습니다. 누더기를 걸치고 고된 모습으로 밭을 갈고 있는 농부에게 제우스가 말했습니다.

"나는 제우스다. 그대는 힘들게 밭을 갈고 있구나. 원하는 것을 말하면 내가 들어 주겠다. 무엇이든 말해 보거라. 한 가지 조건이 있다. 네가 원하는 것을 네 이웃에게는 두 배로 줄 것이다."

농부는 생각에 잠겼습니다. 잠시 후, 농부가 사악한 눈빛을 빛내면서 대답했습니다.

"저의 눈알 하나를 뽑아 주십시오!"

(나) 한 농부가 왕에게 상을 받게 되었습니다. 왕은 아침 해가 뜨는 순간부터 해가 지는 순간까지 그가 하루 종일 뛰었던 땅을 몽땅 주겠다고 말했습니다. 다음 날 아침, 농부는 해가 뜨자마자 달리기 시작했습니다.

하필 날씨는 뜨겁고 바람 한 점 없었습니다. 하지만 농부는 온몸을 흠뻑 적시는 땀을 닦을 겨를도 없이 전속력으로 달렸습니다. 배가 고프고 목도 말랐지만 속도를 늦출 수는 없었습니다. 마침내 해가 지자 농부는 그 자리에 털썩 쓰러지고 말았습니다. 너무 무리를 한 탓에 농부는 그대로 목숨이 끊어졌습니다. 한 성직자가 농부를 땅에 묻어 주면서 혼잣말을 했습니다.

"쯧쯧. 자네가 누울 땅은 고작 이 한 평도 안 됐다네."

(1) 두 이야기는 우리가 살면서 경계해야 할 것에 대한 교훈을 전하고 있습니다. 어떤 것인지 각각 한 단어로 말해 보세요.

(가)    (나)

44

(2) 어떤 사람에게 질투가 났던 적이 있나요? 무엇 때문이었나요? 그때 나의 기분은 어 땠나요?

- -

- -

(3) 내가 가진 것 중에서 나에게 꼭 필요한 것과 그렇지 않은 것을 나누어 각각 2가지만 써 보세요. 그 이유도 말해 보세요.

꼭 필요한 것

①:

이유:

②:

이유:

꼭 필요하지 않은 것

①:

이유:

②:

이유:

생각 농부, 나도 철학자!

1 내 마음대로 학교생활을 할 수 있는 자유가 주어진다면 어떻게 생활할지 생각해 보고, 내 생각을 글로 써 보세요.

2 환경 보호를 위해 우리가 할 수 있는 일은 무엇이 있을까요? 학교 친구들과 함께 지켜야 할 규칙을 네 가지 이상 만들어 보세요.

아래 그림을 예쁘게 색칠해 보세요.

자유가 뭐예요?

오스카 브르니피에 글 | 프레데릭 레베나 그림 | 양진희 옮김

내 마음대로 하는 게 자유일까요? 항상 노는 것이 자유일까요?
지금부터 자유가 무엇인지 하나하나 알아보세요.

생각 씨앗을 심어요

1 아래 그림을 나의 뇌라고 생각하고, 6가지 질문에 대한 나의 생각을 각 구역에 써 보세요.

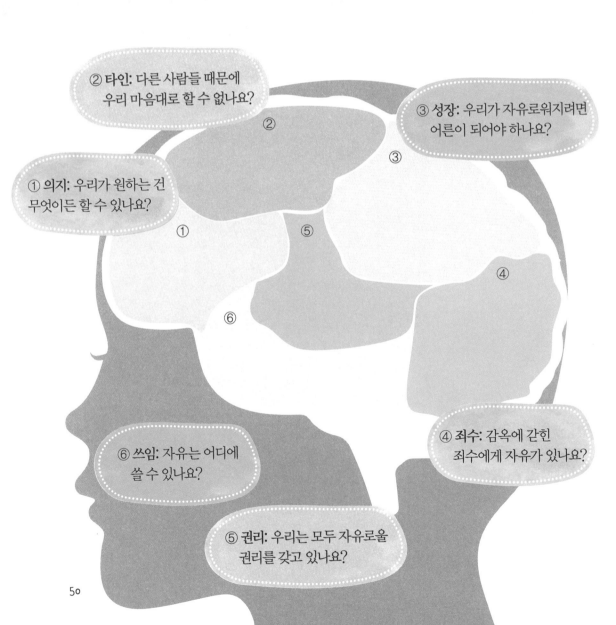

2 보기 를 보고 물음에 답하세요.

보기

자유로운 삶을 꿈꾸는 사람들은 '하늘 높이, 이 몸이 새라면 날아가리!' 하면서 하늘을 마음대로 날아다니는 새들을 부러워합니다. 또 스스로 자유롭지 못하다고 느낄 때 '나는 새장에 갇힌 새와 같아.'라고 표현하기도 합니다.

(1) 여러분의 생각대로 자유를 표현해 보세요.

자유는 _____ 같아. 왜냐하면 _____이니까.

_____ 처럼 자유로웠으면 좋겠어! 왜냐하면 _____니까.

(2) 주변에서 가장 자유로워 보이는 사람은 누구인가요?
그 이유는 무엇인가요?

- -

- -

(3) 그렇다면 가장 자유롭지 못하다고 생각하는 사람은
누구인가요? 왜 그런지 말해 보세요.

- -

- -

생각 새싹을 틔워요

1 만약 이카루스가 아버지 다이달로스의 말을 들었다면 어떤 일이 펼쳐졌을까요? 마음껏 상상하여 이야기의 결말을 바꿔 보세요.

> 〈그리스 로마 신화〉에는 최초로 날게 된 사람의 이야기가 전해지지요. 그의 이름은 이카루스랍니다. 미로에 갇힌 다이달로스와 그의 아들 이카루스는 몸에 밀랍으로 만든 날개를 달고 날아올라 미로를 탈출합니다. 아버지는 아들이 너무 높이 날자 주의를 줍니다.
>
> "이카루스, 태양 가까이 가면 안 된다. 밀랍이 녹으면 위험해!"
>
> 하지만 이카루스는 아버지의 경고를 무시하고 높이 올라가 뜨거운 태양 가까이 갔고 결국 날개가 녹아 바닷속에 빠져 죽습니다.
>
> 사람이 무한한 자유만 생각한다면 이카루스처럼 파멸에 이를 것입니다. 사람은 자연의 법칙을 알고 이것을 이용할 때 진정으로 자유로울 수 있습니다.

2 다음 글을 읽고 물음에 답하세요.

한밤중, 501호에 사는 말썽꾸러기 남매가 피아노를 칩니다. 게다가 쿵쾅거리며 뛰어 다닙니다. 401호에 사는 할아버지와 할머니는 시끄러워서 잠을 잘 수가 없습니다. 남매는 오후에는 식당에서 마구 소리치며 돌아다녔습니다. 조용하게 식사를 하던 사람들이 둘을 보며 수군대다가 인상을 찌푸렸습니다. 하지만 둘은 '나는 자유야! 내 마음대로 할 수 있어!'라고 외치는 듯합니다.

보기

① 자유는 책임이다. 그래서 대부분의 사람들은 자유를 두려워한다. – 조지 버나드 쇼

② 자유를 원한다면, 방법은 오직 한 가지뿐이다. 주변의 모든 사람들에게 완전한 자유를 동일하게 보장해 주는 것이다. 그 외에 다른 방법은 없다. – 카를 슈르츠

③ 자유는 누가 주는 것이 아니다. 평등이나 정의도 마찬가지다. 사람이라면, 스스로 얻는 것이다. – 말콤 엑스

④ 정말 위대하고 감동적인 모든 것은 자유롭게 일하는 이들이 창조한다.
– 알베르트 아인슈타인

⑤ 개인의 자유가 그의 이웃의 재앙이 될 때 그 자유는 끝나며 또 끝나야 한다.
– 프레드릭 윌리엄 파라

(1) '보기' 중에서 501호 남매가 꼭 알아야 할 명언은 어떤 것일까요? _____

(2) 501호 남매에게 충고할 만한 나만의 명언을 만들어 주세요.

_____

_____

3 다음 글을 읽고 물음에 답하세요.

안녕, 친구들! 내 이름은 김현빈이고, 열한 살이야. 난 어른들의 잔소리를 정말 싫어해. 어른들은 얼마나 좋을까? 어른이 되면 무엇이든 다 할 수 있잖아. 자유! 나도 빨리 어른이 되어서 컴퓨터 게임도 실컷 하고 아침에 늦게 일어나고 내 마음대로 하고 싶어. 아니 하루라도 어른들과 바꾸어 살아 보고 싶어. 왜 어른들만 그렇게 많은 자유를 누리는 거야? 이렇게 간절한 마음을 하늘이 알아준 걸까? 깜짝 놀라지 마! 글쎄, 내 앞에 잔소리 쓰레기통이 뿅 나타났지 뭐야? 이 쓰레기통에다 싫어하는 잔소리를 적은 종이를 버리면 다시는 잔소리를 듣지 않고, 내 맘대로 할 수 있게 된대! 정말이야. 내가 딱 하나만 미리 실험해 봤다고. 두근두근, 오늘은 내가 싫어하는 잔소리를 몽땅 써서 버릴 거야!

54

(1) 여러분도 현빈이처럼 가장 싫어하는 부모님의 잔소리를 적어 보세요. 부모님이 그런 잔소리를 하는 이유도 함께 적어 보세요.

---

(2) 여러분은 10년 후를 여행할 수 있는 타임머신을 탔습니다. 누군가 손을 흔듭니다. 바로 스물한 살의 현빈이군요. 현빈이는 과연 어떤 모습일까요? 그동안 현빈이가 어떻게 변했을지 상상해서 그 모습을 그려 보세요. 글로 설명을 달아도 좋아요.

4 를 보고 물음에 답하세요.

(1) 다음의 단어들을 같은 것끼리 두 부류로 나누어 보세요. 그리고 그렇게 나눈 이유를
설명해 보세요.

이유:

이유:

(2) 몸이 자유롭지 못하면 정신도 자유롭지 못한 걸까요?

5 다음 질문에 O 또는 X로 자신의 생각을 답하고, 그 이유를 간단히 설명해 보세요.

(1) 어른들만 자기 삶의 주인이 될 수 있다. (　　)

그 이유는,

----

(2) 어린이들은 어른보다 해야 할 일과 걱정거리가 적다. (　　)

그 이유는,

----

(3) 자유롭기 위해서는 인생을 놀이라고 가볍게 생각하는 게 좋다. (　　)

그 이유는,

----

6 다음 기사를 읽고 물음에 답하세요.

아동 노동을 없애기 위해서는 공정 무역 제품이 필요해요!

코트디부아르에서 카카오를 재배하는 농민의 연간 평균 소득은 절대 빈곤선인 연간 3,650달러의 10분의 1에 미치지 못해, 가난한 농민들이 다시 가엾은 아이들을 혹사시키면서 근근이 살아가는 악순환이 계속되고 있다. 한편, 전 세계 카카오의 약 70퍼센트가 생산되는 서아프리카의 카카오 농장에는 10세 미만의 아이들까지도 인신매매로 팔려와 착취를 당하고 있다. 이곳에서 일하는 아이들의 수는 180만 명 이상이며, 아이들의 연간 임금은 150달러 이하에 불과하다. 작업 중에 칼, 낫 등 위험한 도구를 사용한다고 조사된 아동의 비율은 94퍼센트에 달하며, 51퍼센트가 일하는 도중에 부상을 입었다고 보고되었다.

초콜릿, 커피 등의 기호 식품을 선택하는 소비자들은 이처럼 카카오 재배와 수확 과정에서 행해지는 처참한 아동 노동 착취와 같은 어두운 이면을 반드시 인식해야 한다. 생산자들이 공정한 가격을 받는 공정 무역 상품을 구입하는 것도 좋은 방법이다. 공정 무역은 국제노동기구협약에 기반해 보다 강화된 기준을 따를 뿐만 아니라 정기적으로 아동 노동과 강제 노동 없이 생산되는지 등을 점검하고 있다.

① 오래전 미국에서는 흑인이 백인의 노예로 사고팔리는 일이 많았다. 그래서 흑인은 자유를 얻기 위해 백인과 투쟁을 했다.

② 조선 시대에는 양반, 중인, 상민, 천민으로 신분이 나뉘어 있었는데, 천민은 자유가 없는 신분이었다.

③ 현대 사회로 발전되면서 지구상에 자유롭게 살지 못하는 사람은 사라졌다.

④ 중동 지역에는 학교도 가지 못 하고 억지로 결혼해야 하는 어린 여자아이들이 있다.

⑤ 돈이 많으면 비행기를 타고 하와이에 가서 여름 휴가를 즐기고 백화점에 가서 예쁜 옷을 마음껏 살 수 있으니까 부자가 세상에서 가장 자유롭다.

⑥ 아프리카의 가난한 아이들은 강제로 끌려가서 제대로 먹지도 못한 채 힘든 노동에 시달리곤 한다.

(1) 보기 중에서 기사 내용과 밀접한 관련이 있는 것을 골라 보세요.

- -

(2) 보기 중에서 사실과 다른 것은 몇 번인가요? 왜 그렇게 생각하는지 이유를 말해 보세요.

- -

- -

- -

- -

생각 열매를 맺어요

1 아래 친구들의 의견을 보고 질문에 답하세요.

사람은 환경에 큰 영향을 받는 것 같아. 운동 잘하는 애들을 보면 부모님도 운동을 잘하잖아. 책 읽는 거 좋아하는 애들을 보면 부모님이 독서광이고.

주영

맞아. 나는 방과 후 수업으로 로봇 조립을 선택했지만, 난 사실 어떤 과목도 하고 싶지 않다고. 방과 후 수업을 하는 건 다 엄마가 회사에 다니기 때문이야. 나는 집에 혼자 있기 싫어서 로봇 조립 수업을 듣는 거야.

진수

주영이 말에는 동의할 수 없어. 모든 게 환경 탓이고, 앞날이 다 정해져 있으면 어떤 것도 노력할 필요가 없겠네? 그렇다면 사람하고 동물하고 다를 게 뭐가 있겠어?

유미

(1) 사람의 특성은 환경에 의해 정해진다고 말한 친구는 누구인가요? 왜 그렇게 생각했나요?

- -

- -

(2) 유미 의견에는 사람과 동물이 서로 다르다는 뜻이 담겨 있습니다. 자신이 유미라고 생각하고, 근거를 들어 그 이유를 좀 더 자세히 설명해 보세요.

- -

- -

- -

(3) 과학자가 꿈인 진수는 자라서 세계적인 로봇 공학의 권위자가 되었습니다. 끝없는 연구 끝에 '자유'를 프로그래밍한 로봇을 개발하게 되었습니다. 단, 주인 곁을 떠나지 않는다는 조건을 달았지요. 과연 그 로봇은 진정 자유로운 걸까요? 로봇과 진수에게 어떤 일이 벌어질지 상상해서 이야기를 만들어 보세요.

- -

- -

- -

- -

2 다음 글을 읽고 물음에 답하세요.

보기

   방문자 수가 많은 인터넷 사이트에서 이용자를 확인한 뒤에 게시판에 글을 올릴 수 있도록 한 것입니다. 이것은 우리나라에서 2007년 7월 1일부터 제한적으로 시행되었습니다.

(1) 는 무엇을 설명한 것인가요?

_____

(2) 다음 중 **보기** 와 관계없는 것은 어떤 것인가요?

① 민주주의   ② 명예 훼손   ③ 본능   ④ 악성 댓글   ⑤ 표현의 자유

(3) 다음 중 표현의 자유에 해당하지 않는 것은 무엇일까요?

① 사실에 대한 개인의 주관적인 의견

② 남의 사생활 신상 털기

③ 사실에 대한 판단

④ 남의 행동이나 말에 대한 평가

3 다음은 어떤 학급의 SNS 모임에 올라온 한 친구의 글입니다. 이 친구의 의견에 반대한다고 가정하고 근거를 들어 나의 의견을 적어 보세요.

익명으로 쓴 악성 댓글은 분명 문제가 되지만 무조건적인 실명제는 표현의 자유를 억압한다고 생각해.

준호

나

4 다음은 마틴 루터 킹 목사의 연설문 일부입니다. 다음을 읽고 물음에 답하세요.

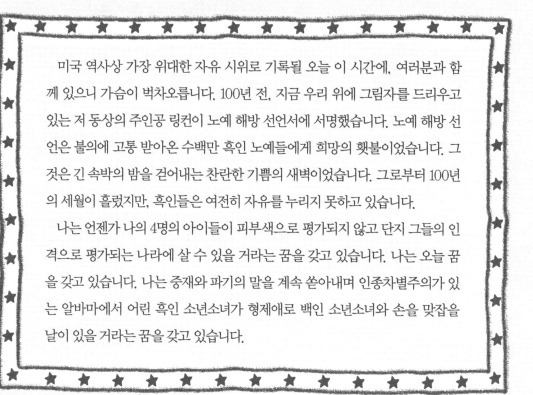

미국 역사상 가장 위대한 자유 시위로 기록될 오늘 이 시간에, 여러분과 함께 있으니 가슴이 벅차오릅니다. 100년 전, 지금 우리 위에 그림자를 드리우고 있는 저 동상의 주인공 링컨이 노예 해방 선언서에 서명했습니다. 노예 해방 선언은 불의에 고통 받아온 수백만 흑인 노예들에게 희망의 횃불이었습니다. 그것은 긴 속박의 밤을 걷어내는 찬란한 기쁨의 새벽이었습니다. 그로부터 100년의 세월이 흘렀지만, 흑인들은 여전히 자유를 누리지 못하고 있습니다.

나는 언젠가 나의 4명의 아이들이 피부색으로 평가되지 않고 단지 그들의 인격으로 평가되는 나라에 살 수 있을 거라는 꿈을 갖고 있습니다. 나는 오늘 꿈을 갖고 있습니다. 나는 중재와 파기의 말을 계속 쏟아내며 인종차별주의가 있는 알바마에서 어린 흑인 소년소녀가 형제애로 백인 소년소녀와 손을 맞잡을 날이 있을 거라는 꿈을 갖고 있습니다.

(1) 위 글을 읽고 느낀 점을 써 보세요.

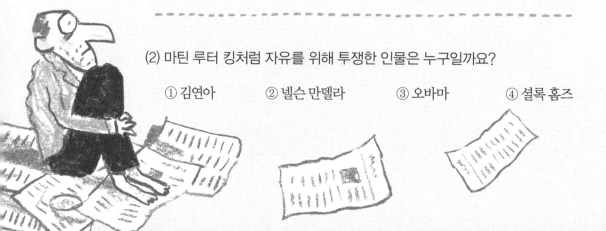

(2) 마틴 루터 킹처럼 자유를 위해 투쟁한 인물은 누구일까요?

① 김연아   ② 넬슨 만델라   ③ 오바마   ④ 셜록 홈즈

(3) (2)에서 선택한 역사 속 인물이 어떤 활동을 했는지 써 보세요.

생각 농부, 나도 철학자!

1 아래는 윤동주의 시 〈별 헤는 밤〉의 일부입니다. 이 시를 읽은 다음 나 '개인'의 자유와 민족 등 '우리'의 자유가 서로 다른 것인지 아니면 같은 것인지 생각해 보고 글로 표현해 보세요.

> 별 헤는 밤
>
> 윤동주
>
> ⋮
>
> 이네들은 너무나 멀리 있읍니다.
> 별이 아슬히 멀듯이,
>
> 어머님,
> 그리고 당신은 멀리 북간도에 계십니다.
>
> 나는 무엇인지 그리워
> 이 많은 별빛이 내린 언덕 위에
> 내 이름자를 써 보고,
> 흙으로 덮어 버리었읍니다.
>
> 딴은 밤을 새워 우는 벌레는
> 부끄러운 이름을 슬퍼하는 까닭입니다.
>
> 그러나 겨울이 지나고 나의 별에도 봄이 오면
> 무덤 위에 파란 잔디가 피어나듯이
> 내 이름자 묻힌 언덕 위에도
> 자랑처럼 풀이 무성할 게외다.

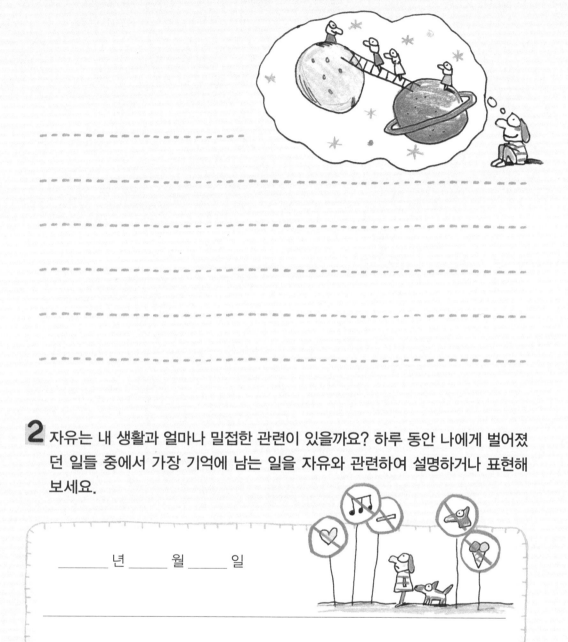

2 자유는 내 생활과 얼마나 밀접한 관련이 있을까요? 하루 동안 나에게 벌어졌던 일들 중에서 가장 기억에 남는 일을 자유와 관련하여 설명하거나 표현해 보세요.

_____ 년 _____ 월 _____ 일

대통령과 같은 지도자가 없다면 행복할까요? 지도자가 없는 나라
를 상상하여, 네 컷 만화로 그려 보세요.

①

②

③

④

예술이 뭐예요?

오스카 브르니피에 글 | 레미 쿠르종 그림 | 이효숙 옮김

예술이라고 하면 멋진 그림, 아름다운 음악 등이 생각나나요?
지금부터 재미있는 활동을 통해 예술에 대해 알아보세요.

생각 씨앗을 심어요

1 다음 여섯 가지 질문 중 마음에 드는 질문을 골라 나의 생각을 써 보세요.

① **보편성:** 아름다움에 대해서 우리 모두 생각이 같을까요?

② **기준:** 무엇이 아름다운 것일까요?

③ **이해:** 아름다운 것에 대해서 꼭 알아야만 할까요?

④ **예술가:** 우리는 모두 예술가일까요?

⑤ **자유:** 예술가는 자유롭게 창작을 하는 걸까요?

⑥ **쓰임:** 예술은 어디에 쓰이는 걸까요?

2 다음은 모두 '예술'이라는 단어가 들어간 문장입니다. 잘 읽고 물음에 답하세요.

㉮ 인생은 짧고 예술은 길다.

㉯ 우리 엄마 음식 솜씨는 예술이야!

㉰ 우리나라에는 예술적인 가치가 높은 문화재가 많다.

(1) '예술'이라는 말의 쓰임이 약간 다른 것은 무엇인가요? 어떻게 다른지 설명해 보세요.

_____

_____

(2) '예술'이라는 말을 넣어 ㉯와 같은 의미가 되도록 짧은 문장을 써 보세요.

_____

(3) ㉮는 예술에 대한 유명한 명언입니다. 누가 남긴 말일까요?

_____

(4) ㉰의 예를 찾아 세 가지 이상 써 보세요.

_____

_____

1 다음 글을 읽고 물음에 답하세요.

　　신들이 모두 모인 결혼식장에 나쁜 전쟁의 여신 에리스만 초대받지 못했습니다. 화가 난 에리스는 결혼식장에 나타나 황금 사과 한 개를 던지고 외쳤죠. "가장 아름다운 여신이 이 사과를 가지게 될 것이다!" 그러자 황금 사과를 차지하기 위해 헤라, 아프로디테, 아테나가 서로 다투기 시작했습니다.

　　다툼이 끊이질 않자 제우스는 트로이의 왕자 파리스에게 세 여신 중 누가 가장 아름다운지 선택해 달라고 했습니다. 파리스는 황금 사과를 들고 어느 여신에게 주어야 할지 고민했고, 세 여신은 각자 그를 설득하기 위해 조건을 걸었습니다. 헤라는 "내게 주면 아시아 전부가 너의 왕국이 되게 해 줄게."라고 했습니다. 아테나는 "나를 택해. 너를 가장 똑똑한 사람으로 만들어 줄게."라고 했고, 아프로디테는 "나한테 주면 지상에서 가장 아름다운 여인이 네 부인이 될 거야."라고 했습니다. 파리스는 아프로디테에게 황금 사과를 주었습니다. 아프로디테는 기뻐하며 약속을 지켰습니다. 그런데 그리스의 왕비인 헬레네는 에로스가 쏜 화살을 맞고 첫눈에 파리스를 사랑하게 되었습니다. 파리스가 헬레네를 데려가자 트로이와 그리스 사이에 전쟁이 일어나게 되었고, 이 전쟁이 바로 '트로이 전쟁'입니다.

(1) 헤라, 아테나, 아프로디테 세 여신은 왜 자신이 가장 아름답다고 생각했을까요?

----

(2) 헤라, 아테나, 아프로디테는 각각 어떤 여신이었나요?

　① 헤라:
----

　② 아테나:
----

　③ 아프로디테:
----

(3) 각각의 여신이 자기가 가장 아름답다고 주장하는 이유를 적어 보세요.

　① 헤라: 이 사과는 바로 내 거야! 왜냐하면,

_____

_____

　② 아테나: 진정한 아름다움은 바로 나에게 있어. 왜냐하면,

_____

_____

　③ 아프로디테: 아니, 다들 내가 누군지 몰라서 하는 말이야? 사과의 주인은 나야.
　왜냐하면,

_____

_____

2 다음 글을 읽고 어떤 모습일지 상상해서 조각상을 그려 보세요.

　지금까지 알려진 가장 오래된 인물 조각상은 1909년 오스트리아 빌렌도르프에서 발견된 〈빌렌도르프의 비너스〉입니다. 기원전 25,000~20,000년 무렵에 만들어진 것으로 추정되는 이 조상각은 아이를 낳고 기르는 데 꼭 필요한 가슴과 배를 크게 부풀려 여인의 모습을 조각했습니다. 이 모습을 통해 그 시대 사람들의 미의 기준과 자식을 낳고 기르는 일을 얼마나 중요하게 여겼는지 알 수 있습니다.

❸ 다음을 잘 읽고 물음에 답하세요.

보기

(가) 아름다움은 머리로 느끼는 게 아니라 마음으로 느끼는 것이다.

(나) 아름다움에 대해서 잘 알면 미에 대한 기준이나 폭이 넓어질 수 있다.

(다) 예술 작품은 예술가가 무슨 뜻을 담아서 작품을 만들었는지를 이해하면 훨씬
더 아름답게 느낄 수 있다.

(라) 어떤 것에 대해서 너무 많이 생각하면 모든 것들이 마음에 들지 않을 수도 있다.

(1) 아름다운 것에 대해서 꼭 알아야만 하는 걸까요? 보기 를 보고, 비슷한 의견끼리
나누어 보세요.

(2) 보기 에서 나의 의견과 가장 비슷한 것은 무엇인가요? 왜 그렇게 생각하나요?

4 다음 글을 읽고 물음에 답하세요.

황금 비율을 아십니까? 아름다운 것을 선망하고 쫓는 욕구는 인간의 본능 아닐까요? 황금 비율은 바로 그것을 증명해 주는 것이라 할 수 있습니다. 황금 비율은 수학적인 개념인데, 간단하게 1 : 1.618을 말하지요. 대표적인 예로 인류의 아름다운 예술로 평가되는 파르테논 신전과 밀로의 비너스 상을 들 수 있습니다. 파르테논 신전의 세로와 가로의 비율이 바로 1 : 1.618, 밀로의 비너스는 배꼽까지의 길이와 전체 길이의 비율이 바로 1 : 1.618입니다. 이는 ㉠ <u>고대의 건축물이나 예술품에만</u> 적용되는 것은 아닙니다. 애플, 캐논 등 여러 유명 회사의 제품이나 로고 등 ㉡ <u>현대적인 예</u>도 찾을 수 있습니다. 황금 비율은 2000년에 걸쳐 수많은 학자들에 의해 완성된 개념입니다. 제각각인 미의 기준, 하지만 비율과 조화 부분에서는 모두가 똑같이 아름답다고 느끼는 '무엇'을 찾기 위한 노력이 찾아낸 결과가 아닐까요?

(1) ㉠, ㉡의 예를 조사하여 적어 보세요.

㉠

㉡

(2) 나를 둘러싼 것들 중에서 황금 비율로 이루어진 것이 있는지 한번 찾아볼까요? 내 방, 소지품, 옷, 내 얼굴 등 무엇이든 상관없습니다. 정말 보기에 아름다운가요?

(3) 저마다 자기만의 미의 기준이 있습니다. 나를 둘러싼 것들 중에서, 황금 비율은 아니더라도 좋아 보이는 것이 있나요? 그 이유도 말해 보세요.

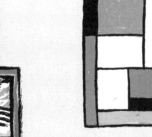

5 다음을 읽고 물음에 답하세요.

　　30세의 나이에 탄광촌에서 전도사를 하던 이 사람은 어느 날 화가가 되기로 결심합니다. 그의 가슴 속에 그림을 그리고 싶은 열망이 불타올랐기 때문입니다. 그는 탄광촌에서 힘들게 일하느라 주름이 많이 잡히고 손의 마디도 툭툭 불거져 나온 가난한 사람들의 모습을 그리면서 "늙고 가난한 사람이 얼마나 아름다운가!"라고 말을 했습니다. 하지만 그의 그림은 당시 사람들이 좋아하는 그림이 아니어서 팔리지 않았기 때문에 가난하게 살 수밖에 없었습니다. 그가 죽은 지 100년이 지나서야 그가 그린 〈해바라기〉라는 그림 한 점이 당대 최고의 가격으로 팔렸습니다. 그는 죽고 나서야 사람들에게 그의 예술 세계를 인정받게 되었답니다.

(1) 이 예술가의 이름은 무엇인가요?

- -

(2) 만약 그가 성공하고 싶었다면 그 시대의 유행을 따랐을 것입니다. 하지만 그는 그렇게 하지 않았습니다. 왜 그랬을까요? 만약 그렇게 했다면 그의 작품은 지금과 같은 가치를 지니고 있을까요? 나의 생각을 써 보세요.

- -

(3) 〈해바라기〉라는 작품을 찾아 감상하고 그 느낌을 써 보세요.

- -

- -

(4) 그의 또 다른 작품들도 찾아보고, 가장 마음에 드는 것을 그려 보세요.

1 다음 글을 읽고 물음에 답하세요.

보기

아리스토텔레스는 〈시학(詩學)〉에서, 관객에 미치는 중요 작용의 하나로 비극을 들었다. 비극을 보면 마음에 쌓여 있던 우울함, 불안감, 긴장감 따위가 해소되고 마음이 정화된다.

(1) 보기 는 무엇을 설명한 것일까요?

_____

(2) 보기 를 경험한 적이 있나요? 꼭 비극이 아니어도 좋습니다. 콘서트나 영화 관람, 책 등을 통해 감동을 받은 경험을 글로 써 보세요.

_____

_____

_____

_____

2 아래 그림은 레오나르도 다 빈치의 〈모나리자〉입니다. 그림을 감상한 다음, '아름다움'에 대한 나의 생각을 글로 써 보세요.

3 음악, 미술, 무용, 문학 등 예술에는 여러 분야가 있습니다. 여러분이 접했던 예술 작품 중에서 가장 아름답다 느꼈던 것은 무엇인지 세 가지만 꼽아 보세요. 어떤 분야의 어떤 작품이었는지, 언제 어디서 감상한 것인지, 어떤 느낌을 받았는지 써 보세요.

작품명:

분야:

감상 시기와 장소:

나의 느낌:

작품명:

분야:

감상 시기와 장소:

나의 느낌:

작품명:

분야:

감상 시기와 장소:

나의 느낌:

4 발레리나는 무대에서 아름다운 공연을 보여 줍니다. 발레 작품으로 유명한
〈호두까기 인형〉을 감상하고, 가장 기억에 남는 한 장면을 그려 보세요.

5 다음 글을 읽고 물음에 답하세요.

대지 미술은 1960년대 중반에 미국에서 시작된 것으로, 환경 미술이라고도 한다. 대지 미술가들은 들판, 공원, 사막, 바다 등에서 바위, 흙, 눈, 잔디 등을 화포로 삼아 거대한 작품을 만들어 냈다. 이때 풍경이나 건축물을 천으로 포장하거나 건설 장비를 동원하여 흙이나 바위를 파내는 등의 방법을 썼다. 이 미술 운동은 미술 작품이 상품으로 사고 팔리는 것에 대한 반발로 시작되었다.

(1) 대지 미술 작가를 찾아 써 보세요.

_____

_____

(2) 가장 감탄했던 작품은 무엇이고, 어떤 느낌이 들었나요?

_____

_____

_____

6 좋아하는 미술가를 골라 그의 작품을 감상하고 아래 그림과 같이 묘비명을 그리고 꾸며 보세요.

보기

레오나르도 다 빈치	보티첼리	벨라스케스	클림트	드가
렘브란트	밀레	모네	고갱	고흐

샤갈
그는 우리에게
그림으로 황홀한
맛을 선물했다.

생각 농부, 나도 철학자!

1 비 오는 날을 소재로 동시를 쓰고 그림을 그려 보세요.

2 연극 관람 예절을 주제로 떠오르는 것들을 생각 그물로 나타내 보세요.

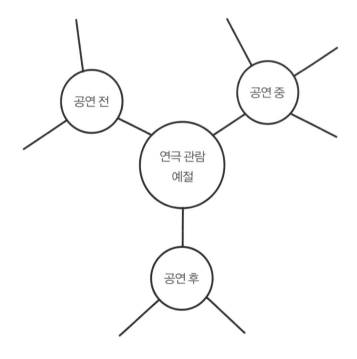

알쏭달쏭 낱말 퍼즐을 풀어 보세요.

가로 열쇠

2 각도를 재는 도구를 말해요.
3 라이트 형제가 만든 발명품이에요. 하늘을 날아오르는 ○○○.
5 둘 이상의 대상을 각각 등급이나 수준에 차이를 두어 구별하는 것을 말해요. 남녀 ○○.
7 군의 우두머리로 군을 지휘하고 통솔해요. 을지문덕 ○○.

세로 열쇠

1 사람이 머리를 써서 사물을 헤아리고 판단하는 것을 말해요.
4 충분한 만족과 기쁨을 느끼는 마음 상태를 뜻해요.
6 사람이나 동식물이 점점 자라고 커지는 것을 말해요. ○○ 발육.

나는 누구일까요?

What am I?

철학하는 어린이

나는 누구일까요?

오스카 브르니피에 글 | 오렐리앙 데바 그림 | 박광신 옮김

프랑스 낭테르
어린이들과
브르니피에 박사의
철학 대화!

상수리

오스카 브르니피에 글 | 오렐리앙 데바 그림 | 박광신 옮김

여러분은 스스로에 대해 얼마나 많이 알고 있나요?
지금부터 '나'는 누구이고, '나'의 존재는 무엇인지 알아보세요.

생각 씨앗을 심어요

1 다음 6가지 질문에 대한 나의 생각을 O 또는 X로 답하고, 그 이유를 간단히 적어 보세요.

(1) **동물**: 우리는 동물일까요? (O, X)

_____

(2) **나이**: 자라나는 것이 좋은가요? (O, X)

_____

(3) **차이**: 우리는 모두 똑같을까요? (O, X)

_____

(4) **부모님**: 부모님께 감사해야 할까요? (O, X)

_____

(5) **겉모습**: 거울 보는 것을 좋아하나요? (O, X)

_____

(6) **자유**: 어떤 사람이 될지 스스로 선택할 수 있나요? (O, X)

_____

2 새로운 친구들을 만나는 자리에 '나'라는 사람을 어떻게 소개하면 좋을지 생각해 보고, 글로 써 보세요.

생각 새싹을 티워요

1 다음 물음에 답하세요.

(1) 다음은 동물과는 다른 인간만이 지닌 특징을 가리키는 말입니다. 각각 어떤 뜻을 지닌 말인지 조사해서 써 보세요.

㉮ 호모 파베르:

㉯ 호모 폴리티쿠스:

㉰ 호모 로쿠엔스:

㉱ 호모 그라마티쿠스:

㉲ 호모 루덴스:

㉳ 호모 심비우스:

(2) 동물과 사람의 가장 큰 차이는 무엇이라고 생각하나요? 그 이유를 적어 보세요.

- -

(3) ㉺는 우리나라 과학자인 최재천 교수가 새로 만든 용어입니다. 내가 생각하는 '동물
과는 다른 사람만의 특징'을 찾아 나만의 용어를 두 가지 이상 만들어 보세요.

호모

왜냐하면,
_____

_____

호모

왜냐하면,
_____

_____

호모

왜냐하면,
_____

_____

2 도진이의 일기입니다. 잘 읽고 물음에 답하세요.

5월 17일

내가 아끼는 색연필 세트가 감쪽같이 사라졌다. 교실 구석구석 찾아보았지만 결국 찾지 못했다. 아무래도 누가 가져간 것만 같았다. 그렇게 구석구석 찾았는 데도 나오지 않은 건 정말 이상한 일이니까. 사실 나는 범인이 누구인지도 알 것 같다. 범인은 내 뒤에 앉은 미정이가 틀림없다. 친구들도 나서서 함께 찾아준다고 교실 전체가 들썩이는데도 미정이는 꿈쩍도 하지 않고 자리에 앉아 있었다. 미정이는 새로 전학 온 아이다. 오늘 자세히 보니 얼굴이 왠지 어둡고 무언가를 숨기는 듯했다. 꼭 도둑질을 하게 생긴 얼굴이다. 아, 이를 어쩌지? 범인을 알고 있다고 선생님한테 말해야 할까?

5월 19일

어제 선생님한테 말했으면 정말 큰일 날 뻔했다. 우리 반 친구들한테도 정말 미안하다. 색연필을 가져간 게 우리 언니라니! 너무 화가 났다. 그런데 참 신기한 게 있다. 오늘 그 사실을 알고 다시 미정이를 봤는데, 다른 사람처럼 보였다. 수줍음이 많은지 행동도 얌전하고 큰 소리로 웃지는 않지만 계속 미소를 짓고 있었다. 귀엽고 여성스러운 소녀의 모습이었다. 그제는 정말 미정이 얼굴이 꼭 도둑처럼 보였는데. 아, 나는 나쁜 마법에 걸리기라도 했던 걸까?

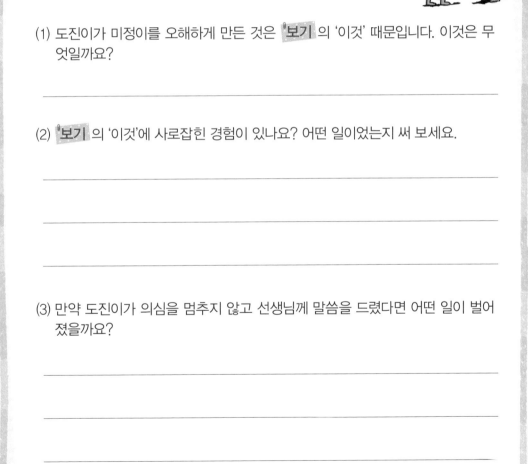

보기

① 이것 때문에 오해가 생겨요.

② 이것에 사로잡히지 말아야 해요.

③ 다른 사람의 있는 그대로의 모습을 인정하고 사랑하는 데 방해가 되는 이것을 경계해야 해요.

---

(1) 도진이가 미정이를 오해하게 만든 것은 보기 의 '이것' 때문입니다. 이것은 무엇일까요?

_____

(2) 보기 의 '이것'에 사로잡힌 경험이 있나요? 어떤 일이었는지 써 보세요.

_____

_____

_____

(3) 만약 도진이가 의심을 멈추지 않고 선생님께 말씀을 드렸다면 어떤 일이 벌어졌을까요?

_____

_____

_____

3 '자기 자신을 사랑할 줄 아는 사람이 되어야 한다.'는 말이 있습니다. 왜 그런지 다음 이야기를 읽어 보세요.

전쟁이 끝나고 몇 년이 흐르자 폐허가 되었던 땅이 점점 활기를 띠기 시작했습니다. 사람들의 생계는 차츰 정상을 되찾았습니다. 하지만 가난한 사람들은 여전히 가난했고 부자는 계속 부자였습니다. 마을에서 가장 가난한 피터와 마을에서 가장 부자인 조지는 같은 학교 같은 반이었습니다. 조지는 늘 뽀얗고 촉촉한 빵을 가지고 왔습니다.

어느 날 조지가 딱딱한 빵을 힘겹게 씹고 있는 피터에게 말했습니다.

"내 빵 먹어 볼래? 대신 나랑 개 놀이를 해야 해. 이 줄을 목에 매고 내 개가 되는 거야. 놀이가 끝나면 이 빵 다 줄게, 어때?"

피터는 고개를 끄덕였습니다. 피터의 눈에는 오로지 빵만 보였지요. 조지는 정말 피터를 개처럼 대했습니다. 짖고, 공을 물어오고, 뛰고. 피터는 영락없이 그냥 개였습니다. 그러자 아이들이 모두 피터를 개처럼 굴렸습니다. 순간 피터는 울음을 터뜨리고 말았습니다.

소란한 소리를 듣고 선생님이 달려왔습니다. 아이들은 모두 도망을 갔습니다. 피터에게 무슨 일인지 듣고 난 선생님은 이렇게 말했습니다.

"아이들도 잘못이지만, 피터 네 잘못이 가장 크단다. 딱딱한 빵을 먹더라도 당당하게 행동할 줄 알아야 해. 스스로 당당한 사람에게는 누구도 함부로 대하지 못한단다."

(1) 선생님이 피터의 잘못이 가장 크다고 말한 이유는 무엇일까요?

- -

- -

(2) 피터가 스스로를 사랑할 줄 안다면 어떻게 행동해야 했을까요? 조지의 제
안에 대한 답변을 적어 보세요.

> 조지: 내 빵 먹어 볼래? 대신 나랑 개 놀이를 해야 해. 이 줄을 목에 매고 내 개가
> 되는 거야. 놀이가 끝나면 이 빵 다 줄게, 어때?

> 피터: _____

> _____

(3) 소크라테스는 '너 자신을 알라.'는 말을 남겼습니다. 이 말에 담긴 뜻이 드러나도록
보기 에서 ㉮ ~㉣를 순서대로 나열해 보세요.

보기

㉮ 자신을 사랑하게 된다.

㉯ 자신이 무엇을 잘하고 무엇을 못 하는지 알고, 자신의 성격은 어떠한지 고쳐야
할 점은 무엇인지 잘 안다.

㉰ 상대방을 이해하고 사랑하게 된다.

㉱ 자긍심이 높아 어떤 일이든 당당하게 헤쳐 나간다.

→   →   →

4 〈피터 팬〉을 읽고, 다음 물음에 답하세요.

(1) 여러분은 피터 팬처럼 영원히 어린이로 남고 싶은가요? 아니면 빨리 어른이 되고 싶나요? 그 이유는 무엇인가요?

_____

_____

_____

(2) 여러분은 계속 자라나고 있지요. 자신의 몸과 마음에서 변한 것들은 무엇이고, 변함없는 것은 무엇인가요?

_____

_____

(3) 인간은 태어나서 죽을 때까지 여러 시기를 거치며 성장하고 또 늙어갑니다. 그 시기가 아니면 겪을 수 없는 일들이 있게 마련이지요. 영원히 어른이 될 수 없는 피터 팬은 어떤 경험들을 놓친 것일까요? 나의 생각을 적어 보세요.

_____

_____

_____

5 다음 글을 읽고 물음에 답하세요.

보기

① 한때 유럽에서는 살이 통통하게 찐 여인을 아름답다고 여겼다.

② 조선 시대의 미인도를 보면 지금의 미인과는 많이 다른 모습이다.

③ 고대 아프리카에서는 아기를 잘 낳을 수 있는 여인의 모습을 최고로 생각했다.

(1) 보기 처럼 아름다움은 시대마다 다른 모습을 하고 있습니다. 그 이유는 무엇일까요?

--- --- --- --- --- --- --- --- --- --- --- --- --- --- ---

--- --- --- --- --- --- --- --- --- --- --- --- --- --- ---

(2) 사람들이 겉모습을 보고 우리를 판단할 때도 많기 때문에 우리는 멋지게 보이려고
노력합니다. 하지만 옷차림과 머리 모양을 근사하게 치장하는 것보다 더 중요한 것
은 무엇일까요? 나의 생각을 글로 써 보세요.

--- --- --- --- --- --- --- --- --- --- --- --- --- --- ---

--- --- --- --- --- --- --- --- --- --- --- --- --- --- ---

--- --- --- --- --- --- --- --- --- --- --- --- --- --- ---

생각 열매를 맺어요

1 다음 글을 읽고 물음에 답하세요.

- 이슬람 문화권에서는 여성들이 외출할 때 반드시 ㉠히잡이나 부르카를 착용하도록 한다.
- 오래전 중국에서는 단지 예쁘다는 이유로 여자아이의 발에 ㉡전족을 하도록 했다.
- 인도에서는 여자가 결혼하려면 많은 ㉢지참금이 있어야 한다.

(1) ㉠, ㉡, ㉢에 대해 조사해 보세요.

㉠

㉡

㉢

(2) 다음 중 차별하는 친구에게 O를, 차별하지 않는 친구에게 X를 해 보세요.

① 나는 귀가 잘 들리지 않는 미영이를 다른 친구들과 똑같이 대해. (O , X)

② 나는 힘이 센 준호한테는 잘해 주지만, 나보다 약한 우현이에게는 심부름을 시켜. (O , X)

③ 나는 부자에게는 친절하지만, 가난한 사람은 상대도 하지 않아. (O , X)

2 여러분의 이름은 누가 지어 주었나요? 자기 이름이 마음에 드나요? 이름에 대한 질문에 답하면서 나의 생각을 정리해 보세요.

(1) 내 이름의 뜻에 대해 설명해 보세요.

_____

(2) 혹시 다른 이름을 갖고 싶나요? 어떤 것인가요?

_____

(3) 내 이름으로 삼행시(또는 2행시나 4행시, 글자 수에 맞게)를 지어 보세요. 친구들과 삼행시 대회를 열어 보세요.

_____

_____

(4) '호랑이는 죽어서 가죽을 남기고, 사람은 죽어서 이름을 남긴다.'라는 말이 있습니다. 나의 이름은 어떤 의미로 남기를 원하나요?

_____

_____

3 다음 글을 읽고, 물음에 답하세요.

(가) 안녕하세요, 시사 뉴스 오늘의 내일도 기자입니다. 저는 지금 지방의 한 신도시에 나와 있습니다. 보시다시피 여기, A아파트와 B아파트 사이에는 가시가 달린 철조망이 쳐져 있는데요, A아파트의 주민들이 의견을 모아 만든 것이라고 합니다. B아파트 주민들은 현재 철조망이 있는 이 통로를 지나 A아파트를 통하면 5분 정도 걸릴 거리를 이 철조망 때문에 15분 이상 돌아가야 하는 불편을 겪고 있습니다. 가장 불편을 겪는 사람은 이곳 B아파트에 사는 초등학생들이 아닐까 싶습니다. 학생 한 명을 만나 보겠습니다.

　기자: 먼 거리를 돌아가려면 힘들지 않아요?

　초등학생: 네. 힘들기도 하고, 철조망이 무서워서 보기도 싫어요. 우리 B아파트가 임대아파트라서 그런 거래요. A아파트는 부자들만 사는 곳이에요. 친구가 살아서 한 번 가 봤는데 엄청 넓어요. 놀이터도 완전 좋고요. 우리 아파트 사람들이 지나 다녀서 단지가 더럽혀진다고 막아 놓은 거래요.

(나) 자본주의는 사회의 모든 구성원이 자신의 이익을 위해 열심히 일을 하다 보면 결국 자신은 물론 사회 발전에도 도움이 된다는 원리를 따른다고 할 수 있습니다. 하지만 시간이 갈수록 자본주의의 문제점이 나타나고 있습니다. 부자는 더욱 부자가 되고, 돈이 없는 사람은 계속 가난하게 살거나 더욱 가난해지는 현상이 일어나고 있는 것이지요. 또 사람보다는 돈을 더 귀하게 여기고, 오로지 돈을 모으는 것을 삶의 목표로 삼는 분위기가 팽배해지고 있습니다.

(1) (가)에 나타난 A아파트 사람들의 행동에 대해 (나)에서 찾아 써 보세요.

(2) (가), (나)와 같은 문제의 해결책으로 돈을 많이 가진 부자가 사회에 기부, 환원하는 방법이 있습니다. 세계에서 기부를 가장 많이 하는 부자는 누구인지, 그가 하는 일이 사회에 어떤 영향을 끼쳤는지 조사해 보세요.

4 다른 사람들은 '나'를 어떻게 생각할까요? 나의 주변 사람들에게 아래 10개의 문항이 적힌 설문지를 돌리고 질문에 답해 보세요.

설문지

① 나는 주변 사람들에게 친절한 사람인가요?

② 나는 친구들을 잘 웃기는 사람인가요?

③ 나는 친구가 많은 사람인가요? 적은 사람인가요?

④ 나는 말을 많이 하는 사람인가요? 말을 적게 하는 사람인가요?

⑤ 나는 화를 잘 내나요?

⑥ 내가 잘하는 것이 무엇이라고 생각하나요?

⑦ 내가 좋아하는 것이 무엇이라고 생각하나요?

⑧ 나의 장점은 무엇인가요?

⑨ 나의 단점은 무엇인가요?

⑩ 나의 이미지를 한 단어로 말해 주세요.

(1) 본인이 먼저 설문지의 답을 적어 봅니다.

- -

(2) 나의 답변과 사람들의 답변이 가장 다른 것은 어떤 것입니까?

- -

(3) 나의 답변과 사람들의 답변이 일치하는 것은 어떤 것입니까?

- -

(4) 내가 생각하는 나의 모습이 진짜일까요, 남이 생각하는 나의 모습이 진짜일까요?

- -

- -

(5) 어떤 것을 더 중요하게 여겨야 할까요? 그렇게 생각하는 이유를 자세히 설명해 보세
　　요.

- -

- -

- -

생각 농부, 나도 철학자!

1 자화상은 스스로 그린 자신의 초상화를 말합니다. 거울을 보고 자화상을 그려 보세요.

2 자신이 꿈꾸는 삶을 상상하여 설정하고, 미래의 사랑하는 누군가에게 편지를
써 보세요.

To.

_____

_____

_____

_____

_____

_____

_____

_____

_____

_____

_____

두 그림에는 다른 곳이 다섯 군데 있어요. 한번 찾아볼까요?

풀이와 설명

문제를 만든 것은 샘솟는 생각을 자유롭게 채워 나가게 하기 위해서랍니다.
각 주제마다 자신의 생각을 정리해 보고,
풀이는 참고로만 사용해 주세요.

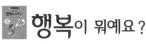 **행복**이 뭐예요? 9

💡 **생각 씨앗을 심어요** 10

1 (1) 친구와 놀 때, 선물을 받았을 때, 칭찬을 받았을 때, 걱정거리가 사라졌을 때

(2) 돈이 있어야 사고 싶은 것, 먹고 싶은 것을 살 수 있어요. 하지만 행복은 돈이나 물건 같은 물질적인 것에만 있는 게 아니에요.

(3) 우리는 혼자 있으면 외로움을 느껴요. 그래서 친구와 함께하고 싶어 하지요. 이처럼 행복이 다른 사람과의 관계에서 온다면, 나에게 친구가 필요한 것처럼 친구에게도 내가 필요하다는 것을 깨달아야 해요.

(4) 우리는 원하지 않는 일을 해야할 때나 고통, 죽음과 같은 힘든 상황과 맞닥뜨렸을 때 불행하다고 생각해요. 하지만 대부분 불행은 이겨 낼 수 있어요.

2 지난 토요일에 가족들과 함께 박물관에 갔어요. 아빠가 박물관에 전시된 유물들을 보며 이것저것 알려 주었어요. 3D 체험관에서 3D 안경을 쓰고 〈바닷속 세상〉 영화를 관람했어요. 다음에 또 박물관에 놀러 가고 싶어요.

💡 **생각 새싹을 틔워요** 12

1 **예** 언제든지 활짝 웃을 수 있는 미소
유효 기간: 2130년 12월 31일

2 (1) 정수

(2) 성적이 좋으면 대부분 행복하지만, 나쁘다고 불행

한 건 아니에요. 사람마다 중요하게 생각하는 것이 다르니까요.

(3)
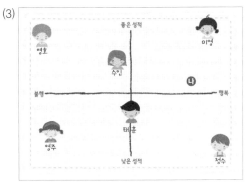

이유: 나는 공부는 보통이지만 친구들과 잘 지내서 행복해요.

3

첫 번째 사내 (4)	두 번째 사내 (3)
세 번째 사내 (2)	네 번째 사내 (1)

(2) 사내: 정말 너무 힘이 들어요.
원효 대사: 하지만 당장 눈앞에 보이는 것만 생각하지 말고, 지금 하는 일이 행복하다고 생각한다면 쉽고 재미있게 일을 할 수 있다네.
사내: 하지만 몸이 힘드니, 즐겁게 일할 수가 없어요. 제가 제일 불행한 것 같거든요.
원효 대사: 힘들지만 곧 완성될 멋진 집을 상상해 보게나. 아마도 힘이 절로 날걸세.

4 ③

5 '찬성합니다'를 선택한 경우, 그 이유는 돈이 있으면 우리가 원하는 건 모두 마음대로 살 수 있기 때문이에요.
'반대합니다'를 선택한 경우, 그 이유는 돈이 제일 중요하다고 생각하면 가난해지거나 도둑맞을 걱정, 끊임없이 더 부자가 되고 싶은 욕심 등 돈 때문에 생기

는 걱정과 다툼 등으로 오히려 불행해질 수 있기 때문이에요.

6 첫 번째로는, 행복을 함께 나눌 가족과 친구가 있어야 해요. 두 번째로는, 여유롭게 생활할 만큼 돈이 있어야 해요. 마지막으로는, 어떤 일이든 열정적으로 할 수 있어야 해요. 만약 이 외에 더 있다면, 몸이 건강해야 해요.

7 (1) ①을 선택한 경우, 친구들과 함께 놀면 웃음이 떠나지 않아요. 그래서 즐거운 것이 행복이라고 생각해요.
②를 선택한 경우, 엄마와 함께 양로원으로 봉사 활동을 갔어요. 누군가를 돕는 것이 즐겁고 보람된 일이라는 것을 느꼈어요.
③을 선택한 경우, 가족이 함께 놀이 공원에 가서 신나게 놀고 맛있는 것도 먹었어요. 돈이 없으면 놀이 공원에 갈 수 없었을 거예요.

(2) **예** 돈=행복
돈이 있으면 먹고 싶고, 가지고 싶은 것을 다 가질 수 있어요. 나는 돈이 행복의 가장 중요한 조건이라고 생각해요.

8 (1) 은주는 자기 자신을 무척이나 사랑하는 사람이에요. 누가 뭐라고 해도 자기 자신을 소중하게 생각하는 사람은 행복한 사람인 것 같아요.

(2) 행복의 기준은 사람마다 다르다고 생각해요. 나의 기준으로 다른 사람을 평가하는 것 올바르지 못한 것 같아요.

생각 열매를 맺어요 20

1 영어: happiness(해피니스)
프랑스어: bonheur(보뇌르)

이탈리아어: felicità(펠리치따)
중국어: 幸福(xingfú: 싱푸)
일본어: しあわせ(시아와세)

2 빗소리, 비가 창가에 톡톡 떨어지는 소리를 들으면 반가운 손님이 찾아온 느낌이 들어서 왠지 행복해요.

3 **예** 행복 인터뷰 1
인터뷰 일시: 2016년 5월 5일 4시
인터뷰 장소: 집
인터뷰 대상: 엄마
① 우리 가족이 화목한 것
② 우리 아들 지훈이가 태어나던 날
③ 서로가 배려하며 생활하기

4 (1) ① 여가, ② 자기, ③ 대인

(2) ① 롤러브레이드 타기
② 한자 공부
③ 동아리 활동

(3) 50
(4) 85

5 (1) ㉮ 감사는 행복의 열쇠입니다. (②)
㉯ 행복의 최대 적은 남과 비교하는 것입니다. (③)
㉰ 행복은 마음에 달려 있습니다. (①)
㉱ 목적이 이끄는 삶은 행복입니다. (⑤)
㉲ 현재를 충분히 즐기는 것이 행복입니다. (④)
㉳ 무언가에 집중하다 보면 마음이 행복해집니다. (⑨)
㉴ 행복은 사람과 사람 사이에 있습니다. (⑦)
㉵ 내가 행복해지는 가장 좋은 길은 남을 행복하게 하는 것입니다. (⑧)
㉶ 용서는 자신에게 주는 최고의 선물입니다. (⑥)

(2) 엄마가 옆집 친구랑 나를 비교하면서 말했을 때, 너무

불행하다고 느꼈어요.

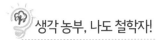
생각 농부, 나도 철학자!　　　　26

1 행복은 크고 화려한 것만은 아니에요. 또 행복은 늘 우리 주변에 있으므로 그것을 발견하는 사람의 것입니다. 높은 지위에 있다고 해서 나의 행복을 채워 줄 수는 없어요. 나의 행복은 다른 사람이 대신해 줄 수 없는 것이지요.

2 **예** 살랑살랑 봄바람이 불어와요.
쫄랑쫄랑 바둑이가 초록빛 가득한 공원을 뛰어다녀요.
내 마음에도 살랑살랑 봄이 들어와요.

미로 찾기　　　　28

생각 씨앗을 심어요　　　　30

1

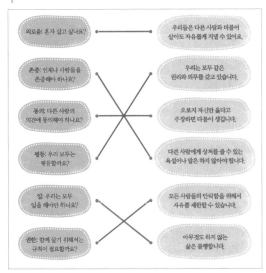

2 **예** 골목길 청소를 깨끗이 합니다.

생각 새싹을 틔워요　　　　32

1 (1) 동훈이의 메모는 자식이 부모에게 도움을 준 내용이에요.

(2) ① 시골에 사는 할머니는 나를 보는 것만으로도 배가 부르다고 하세요.

② 내 친구 소영이는 나랑 함께 놀 때 너무 행복하다고 해요.

③ 나는 나랑 놀아 주는 언니(누나)가 있어서 행복하다.

2 (1) 존중: 상대를 높이어 귀중하게 대하는 것을 말해요.
존경: 남의 인격, 사상, 행위 따위를 받들어 공경하는 것을 말해요.

3 여름 휴가로 어디를 갈지 가족 회의를 하는데, 내 생각은 묻지도 않고 여행지를 결정했어요. 그때 가족들이 나를 존중하지 않는다고 생각했어요.

4 결과 보기를 통해 나의 경청 태도를 점검하세요.

5 (1) ⓐ를 선택한 경우, 함께 나누며 더불어 살아가다 보면 모두 평등해 질 거예요. ⓑ를 선택한 경우, 내가 가진 것은 부모님이 사 주신 거예요. 내 것을 꼭 나눠야 평등하다고 생각하지는 않아요.

(2) ⓐ를 선택한 경우, 사람들은 저마다 다른 환경에서 살기 때문에 아무리 나누어도 모두가 완전히 똑같을 수는 없어요. ⓑ를 선택한 경우, 서로 나누다 보면 언젠가는 모두 평등해지는 사회가 될 거예요.

(3) ⓐ를 선택한 경우, 세상에는 부자들도 있고, 가난한 사람들도 있어요. 모두 똑같을 수 없기 때문에 평등해질 수는 없어요. ⓑ를 선택한 경우, 우리는 서로 다르지만 모두 같은 권리와 의무를 가지고 있기 때문에 평등해질 수 있다고 생각해요.

(4) ⓐ를 선택한 경우, 서로 비슷해지려고 노력하다 보면 평등에 가까워진다고 생각해요.
ⓑ를 선택한 경우, 평등하다는 게 비슷해지는 건 아니라고 생각해요. 우리가 서로 각자의 권리를 인정해 주는 게 중요해요.

6 (1) ②

(2) '사람답다'는 것은 사회적으로 옳다고 생각되는 생각과 태도를 갖는 것이에요.
'사람 같지 않다'는 것은 내면에 나쁜 마음을 먹고 옳지 않은 행동을 하는 것이에요. 우리는 사람답기 위해서 인간을 존중하고 사회적인 약속들을 지켜야 해요.

(3) **예** 이름: 김은영(우리 엄마)
나에게 끼친 영향: 엄마는 거짓말은 나쁜 것이라고 언제나 말씀하세요. 그래서 나는 거짓말을 하지 않으려고 노력해요.

7 (1) 주인공 '나'의 입장이 되어서 생각해 보세요.

(2) ① 참석자 이름: 미영
의견: 혼이 나야 한다.
이유: 선한 일을 위한 행동이라도 도자기를 깨트렸다면 잘못한 일이므로 혼이 나야 한다.

② 참석자 이름: 현숙
의견: 혼나지 않아도 된다.
이유: 부모님을 도우려다 일어난 실수이다. 누구에게나 실수는 있을 수 있다.

③ 참석자 이름: 현우
의견: 혼나지 않아도 된다.
이유: 부모님을 생각하며 한 일이다. 부모님을 생각하는 착한 마음씨를 생각해야 한다.

(3) 혼이 나야 한다고 생각한 경우, 실수한 일로 혼이 나야 한다면, 우리는 어떤 일도 자신있게 하지 못할 거예요. 잘못했지만 실수인 만큼, 크게 혼이 나지 않아도 된다는 생각이 들어요. 다만 청소를 할 경우 부주의하게 일을 하지 않도록 신경을 쓰는 것이 좋다고 결론을 내렸어요.
혼이 나지 않아야 한다고 생각한 경우, 실수이긴 하지만 잘못한 일에 대해서는 혼이 난다면 앞으로 좀 더 주의를 하게 될 거예요.

(4) 회의에서 나온 결론을 적어 보세요.

생각 열매를 맺어요 40

1 ⑴ (가)와 (나) 모두 사고로 인해 무인도에서 홀로 생활한 사람에 관한 이야기예요.

⑵ **예** 첫 번째: 친구
그 이유: 함께 있으면 무인도라도 무섭지 않기 때문이에요.
두 번째: 만화책
그 이유: 만화책만 있으면 심심할 틈이 없기 때문이에요.
세 번째: 칫솔
그 이유: 이가 썩으면 병원에 갈 수 없기 때문이에요.

2 ⑴ 뒤죽박죽 엉망이 될 것 같아요. 결국 아무도 법을 지키지 않게 될 거예요.

⑵ 소크라테스가 했던 말들을 하나도 믿지 않고 존경하는 마음도 사라졌을 거예요.

3 ⑴ 세 잎 클로버의 꽃말은 행복이에요.

⑵ 행운도 그냥 생기는 것이 아니에요. 하루하루를 성실하게 생활하면 그 노력들이 차곡차곡 쌓여 기회가 찾아왔을 때 행운도 찾아옵니다. 예를 들어, 피아노 연습을 열심히 하다 보면 실력이 늘고, 피아노 연주회에 나가서 멋진 연주를 하여 상을 받을 수 있어요. 행운은 노력한 사람에게 오는 것으로, 아무것도 하지 않은 사람에게 오지 않는답니다.

4 ⑴ (가) 질투, (나) 욕심

⑵ 학교 대표로 함께 글짓기 대회에 나갔던 친구 소현이를 질투했어요. 내가 보기에는 내 글이 더 잘 쓴 것 같았는데, 소현이만 글짓기 대회에서 우수상을 받았어요. 나는 소현이가 미워지고 마음이 울퉁불퉁 화가 났어요.

⑶ **예** 꼭 필요한 것
① 핸드폰
이유: 핸드폰이 없으면 친구들과 연락할 수가 없어요.
예 꼭 필요하지 않은 것
② 자전거
이유: 자전거는 탈 때도 있고 타지 않을 때도 있어요.

 ## 생각 농부, 나도 철학자! 46

1 수업 시간표를 내 마음대로 정해요. 내가 좋아하는 국어 수입을 더 많이 하고, 다양한 체험 활동을 할 수 있게 할 거예요. 또 내가 싫어하는 수학은 일주일에 한 시간만 하도록 할 거예요.

2 ① 급식 시간에 음식을 남기지 않아요.
② 친구들과 한 달에 한 번 알뜰장터를 열어요.
③ 쓰레기 분리수거통을 만들고, 분리수거를 잘해요.
④ 일회용품 사용을 줄여요.

자유가 뭐예요? 49

 생각 씨앗을 심어요 50

1

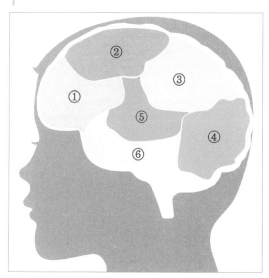

① 우리는 무엇이든 할 수 있지만, 의지만 있다고 할 수 있는 게 아니에요. 그걸 행동으로 옮길 수 있는 용기와 힘도 있어야 해요.

② 언제나 명령을 하고 싶어 하는 어른들은 내 자유에 방해가 돼요. 하지만 어른들의 말씀은 대부분 옳아요.

③ 어른이 되면 자기 삶의 주인이 되어 살아갈 수 있어요. 또 주체적으로 자기 삶을 계획하고 행동하는 동시에 그것에 대한 의무와 책임도 져야 해요.

④ 자유가 없어요. 왜냐하면 죄수는 가고 싶은 곳에 갈 수 없도록 감옥에 가두어 둔 것이기 때문이에요.

⑤ 자유는 인간의 권리 가운데 하나이기 때문에 모든 사람은 자유로울 권리를 갖고 있어요.

⑥ 우리는 행복해지기 위해서 자유가 필요해요.

2 (1) 자유는 구름 같아. 왜냐하면 하늘 위를 자유롭게 두둥실 떠다니니까.
구름처럼 자유로웠으면 좋겠어! 왜냐하면 천천히 흘러가는 구름처럼 편안하고 싶으니까.

(2) 우리 집 막내 아기. 자기가 먹고 싶을 때 먹고, 자고 싶을 때 자니까.

(3) 아빠. 일하기 싫어도 회사에 나가야 하기 때문이에요.

 생각 새싹을 틔워요 52

1 아버지와 함께 미로를 탈출해서 행복한 삶을 살았을 거예요. 친구도 사귀고, 맛있는 것도 먹었을 거예요. 그리고 하늘을 날았던 즐거운 기억을 살려 다른 사람들에게도 날 수 있는 방법을 가르쳐 주었답니다.

2 (1) ⑤

(2) 자유는 모두에게 평등하게 주어지지만, 그 자유가 다른 사람의 자유를 빼앗아서는 안 된다.

3 (1) 컴퓨터 게임 그만하고, 얼른 공부해.
이유: 늦게까지 컴퓨터 게임만 하면 눈도 아프고 머리도 아파요. 컴퓨터 게임만 하고 공부를 하지 않으면 학교 수업을 따라가기 힘들기 때문이에요.

(2) 현빈이는 제빵사가 되기 위해 공부를 하고 있어요. 현빈이는 세상에서 가장 달콤한 케이크를 만들고 싶어요.

4 (1)

자유, 미래, 희망	속박, 노예, 죄수, 억압, 금기
자유롭고, 희망적인 것	자유롭지 않고, 희망적이지 않은 것

(2) 몸이 자유롭지 못해도 희망을 갖고 꿈꿀 수 있다면 정신적으로는 자유로울 수 있어요.

5 (1) O를 선택한 경우, 어린이는 선택할 수 있는 게 많지 않아요. 부모님이 대신해서 선택하는 것이 많기 때문에 아직 자기 삶의 주인이라고 할 수 없어요.
X를 선택한 경우, 아직은 부모님의 보호 아래 있지만, 스스로 생각하고 판단할 수 있기 때문이에요.

(2) O를 선택한 경우, 어른이 되어 한 가족을 책임지는 부모가 되면, 가족이 먹고살기 위해서 일을 해야 해요. 또 아이가 성장할 때까지 돌봐 줘야 하지요. 그만큼 어른이 되면 할 일과 걱정거리가 많아요.
X를 선택한 경우, 어린이는 학교에 가고, 학교에서 내 준 숙제도 하고, 학원에도 가야 해요. 어린이는 공부를 하기 위해 많은 시간을 쏟아요.

(3) O를 선택한 경우, 놀이라고 생각하면 아무리 힘든 일도 즐겁게 할 수 있어요.
X를 선택한 경우, 놀이라고 생각하면 진지하게 고민해야 할 일도 쉽게 넘어갈 수 있어요.

6 (1) ⑥

(2) ③, 신분제도 등이 사라지면서 자유롭게 살지 못하는 사람이 점차 줄어들기는 했지만, 아직도 아프리카나 중동 지역에서는 억압 당하며 사는 사람이 있기 때문이에요.
⑤, 돈이 많으면 행복할 수는 있지만 돈이 많다고 자유롭다고 할 수는 없어요. 돈을 지키기 위해 오히려 자유를 포기해야 하는 경우도 있기 때문이에요.

생각 열매를 맺어요   60

1 (1) 주영. 운동을 잘하는 아이는 부모와 함께 운동을 할

경우가 많아서 운동을 잘하는 것처럼 아이는 부모와 가정 환경에 큰 영향을 받는다고 생각했어요.

(2) 사람은 의지를 가지고 주어진 환경을 극복할 수 있다고 생각해요. 그래서 환경에 적응하며 살아가는 동물과 사람은 다르다고 말했어요.

(3) 진수는 로봇에게 제한적인 자유를 주고, 로봇을 통제하려고 하고 있어요. 이것은 진정한 자유라고 할 수 없습니다. 만약 생각을 할 수 있는 로봇이라면 진정한 자유를 찾아 진수를 떠나게 될 거예요.

2 (1) 제한적 본인확인제(실명제)
(2) ③
(3) ②

3 그렇지 않아. 실제로 악성 댓글 때문에 고통을 받거나 자살하는 사람들이 많아. 실명으로 글을 쓴다면 남의 험담을 함부로 할 수 없을 거야. 그러니까 실명제는 꼭 필요해.

4 (1) 피부색이 다르다는 이유로 차별을 하는 것은 옳지 않아요. 인간은 누구나 평등하며 존중받아야 합니다. 만약 부당한 이유로 자유를 침해 당할 때에는 당당하고 용기 있게 맞서 싸울 수 있어야 해요.

(2) ②

(3) 넬슨 만델라는 남아프리카공화국 최초의 흑인 대통령이에요. 만델라는 족장의 아들로 태어나 1944년 아프리카 민족 회의에 참여해 청년 동맹을 만들었어요. 1952년 인종 분리 정책 반대 운동에 나서는 등 본격적으로 흑인 인권 운동에 참가했어요. 1960년 3월 샤프빌 흑인 학살 사건을 계기로 평화 시위 운동을 멈추고 무장 투쟁을 지도하다가 1963년에 체포되었어요. 27년간 감옥 생활을 하면서 세계 인권 운동의 상징적인 인물이 되었어요. 1993년 노벨 평화상을 받았고, 1994년 5월 남아프리카공

화국 처음으로 흑인이 참여하는 자유총선거에서 의해서 대통령에 당선되었어요.

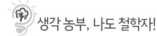 생각 농부, 나도 철학자!　　　　　66

1 〈별 헤는 밤〉은 시인 윤동주가 동경 유학 직전에 쓴 시예요. 이때는 일제에 의해 개인과 우리의 자유를 모두 빼앗겼어요. 이 시는 강압적인 식민지 현실과 되찾아야 할 이상적인 곳으로서의 고향을 노래하고 있어요. 이 시를 보면 나 '개인'의 자유와 민족 등 '우리'의 자유가 서로 같은 것으로 생각돼요.

2 예 2016년 6월 2일
엄마와 며칠 전에 약속을 했어요. 수학 시험에서 100점을 받으면, 하루 종일 내 마음대로 게임을 해도 된다고요. 그래서 열심히 수학 공부를 했고, 수학 시험에서 100점을 받았어요. 그래서 난 그동안 못 했던 게임을 하며 신나게 놀았어요.

예술이 뭐예요?　　　　　69

생각 씨앗을 심어요　　　　　70

1 예 ① 보편성: 아름다움을 똑같이 느낄 수는 없어요. 왜냐하면 우리 모두는 자유롭게 생각할 수 있는 인간이니까요. 똑같은 그림을 보고 아름답다고 느끼는 사람도 있지만 아름답다고 생각하지 않는 사람도 있어요. 이해하기 어려운 추상 미술은 더욱 그럴 수 있어요.

2 (1) ㉯, ㉮의 '예술'은 오랜 세월 세상에 남아 사람들에게 사랑받는 아름다운 미술품, 음악, 건축물 등을 뜻해요. ㉰의 '예술'은 아름답고 높은 경지에 이른 숙련된 기술을 비유적으로 이르는 말로, '최고'라는 뜻이에요. ㉱의 '예술'은 특별한 재료, 기교, 양식 따위의 감상의 대상이 되는 아름다움을 뜻해요.

(2) 우리 아빠 운전 솜씨는 예술이야!

(3) 히포크라테스

(4) 예 경복궁, 불국사, 석굴암, 훈민정음, 수원 화성

생각 새싹을 틔워요　　　　　72

1 (1) 각자 '아름다움'의 기준이 다르기 때문이에요.

(2) ① 헤라: 올림포스 최고의 여신으로, 제우스의 아내예요. 결혼과 가정의 여신이라 불려요.
② 아테나: 지혜와 전쟁의 여신으로, 언제나 무장한 여전사의 모습을 하고 있어요.
③ 아프로디테: 아름다움과 사랑의 여신이에요. 보는 사람마다 아름다운 아프로디테의 모습을 칭찬했다고 해요.

(3) ① '최고'라는 칭호는 아무한테나 붙는 게 아니야. 난 여신들 중에서 가장 아름답고 멋지기 때문에 '최고'의 여신으로 불리는 거야. 그런 만큼 내가 가장 아름다워.
② 싸움을 잘하려면 머리가 똑똑해야 해. 난 지혜로운 사람이 가장 아름답다고 생각해. 그러니까 내가 가장 아름다워.
③ 겉모습이 아름다운 게 가장 아름답다고 생각해. 사람들은 내 모습을 보고 넋을 놓지. 그러니까 내가 가장 아름다워.

2 〈빌렌도르프의 비너스〉

3 (1)

(가), (라)	(나), (다)

(2) **예** (가), 예술 작품은 보는 순간 감동해야 아름다운 것이라고 생각해요. '밀레' 전시회에서 〈만종〉을 보고 큰 감동을 받은 적이 있어요. 아무런 선입견 없이 작품을 있는 그대로 감상한 후, 작품 해설을 읽었어요. 작품 해설을 읽고 그림을 보면 내가 그림에서 발견할 수 있는 게 하나도 없기 때문이에요. 그래서 나는 예술 작품은 마음으로 느끼는 것이라고 생각해요.

4 (1) ㉠ 모나리자, 최후의 만찬, 석굴암의 본존불상. ㉡ 애플의 로고, 책

(2) 액자, 컴퓨터 모니터, 스마트폰의 액정
안정적이고 아름답게 보여요.

(3) 내 얼굴, 내 얼굴은 황금 비율도 아니고, 객관적으로 예쁘지는 않지만 나만의 개성이 있어 아름답다고 생각해요.

5 (1) 빈 센트 반 고흐

(2) 빈 센트 반 고흐는 그림 한 점 한 점을 정성스럽게 그렸어요. 그리고 자신이 가지고 있는 열정을 화폭에 쏟아 부었습니다. 그런 노력이 그림 속에 오롯이 표현되었어요.

만약 그가 유행을 쫓아 남을 위한 그림을 그렸다면 지금과 같은 가치를 지니지 못했을 거예요.

(3) 〈해바라기〉는 마치 방금 하늘에서 내려온 태양처럼 이글이글 타오르는 해바라기의 모습이 인상적인 그림이에요. 노란색으로 그려진 해바라기에서는 희망이 느껴져요.

(4) 고흐의 작품으로는 〈해바라기〉 외에도 〈자화상〉, 〈별이 빛나는 밤〉, 〈아를의 반 고흐의 방〉, 〈꽃 핀 복숭아 나무〉 등이 있어요. 찾아서 감상하고 그려보세요.

🌱 생각 열매를 맺어요

1 (1) 카타르시스

(2) 셰익스피어의 〈햄릿〉을 읽고 카타르시스를 느꼈어요. 햄릿은 아버지를 독살하고, 어머니와 결혼한 작은아버지를 미워합니다. 확신을 가지고 행동하지 못하는 햄릿의 모습은 무척 답답했어요. 하지만 작은아버지를 죽일 수 없어 갈등하는 모습에서는 안타까운 마음이 들었어요. 햄릿이 문제를 인식하고, 정의하고, 설정하고, 해결하는 과정을 함께하며 햄릿을 이해할 수 있었어요. 햄릿의 드라마틱한 삶을 통해 카타르시스를 느낄 수 있었어요.

2 아름다움은 사람마다 기준이 다른 것 같아요. 사람들은 〈모나리자〉가 아름답다고 하지만 솔직히 나는 잘 모르겠어요. 웃고 있는 모습은 인자하지만 얼굴이나 몸매가 날씬하지 않아서 아름답다고 생각되지 않아요.

3 **예** 작품명: 비발디의 〈사계〉
분야: 음악
감상 시기와 장소: 2016년 5월, 예술의 전당
나의 느낌: 가족과 함께 비발디의 〈사계〉를 들었다. 음악으로 봄, 여름, 가을, 겨울 계절의 변화를 느낄 수 있다는 것이 놀라웠다.

4 작품을 감상하고 자유롭게 그려 보세요.

5 (1) 크리스토와 잔−클로드 부부, 로버트 스미드슨, 리처드 롱

(2) 앤디골드 워시의 〈Rowan Leaves & Hole〉입니다. 나뭇잎으로 이렇게 아름다운 작품을 만들 수 있다니. 계절의 변화 속에서 자연이 주는 모습의 아름다움을 멋지게 표현한 것 같아요.

6 작가와 작품의 특징을 생각하며 떠오르는 느낌을 써보세요.

예 고흐: 그는 타오르는 해처럼 열정적으로 그림을 사랑했다.

 생각 농부, 나도 철학자!　　　　86

1 예
비가 기분 좋다고 창가에 톡톡톡.
창가도 기분 좋다고 탁탁탁.
내 마음도 기분 좋다고 통통통.

2

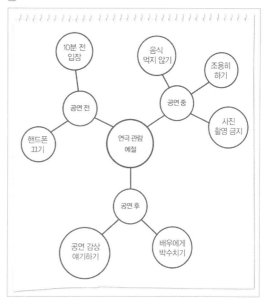

 낱말 퍼즐　　　　88

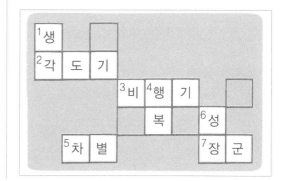

자주 도와드려. 커서는 멋진 요리사가 되는 게 꿈이야.

 생각 씨앗을 심어요   90

1 (1) O, 식물은 스스로 움직일 수 없지만 동물은 스스로 움직일 수 있어요. 그래서 사람도 강아지, 토끼, 다람쥐, 사자처럼 동물이에요.

(2) O일 경우, 어른이 되면 스스로 많은 일을 할 수 있어서 좋아요.

X일 경우, 마음껏 뛰놀 수 있고, 부모님이 돌봐 주는 아이 시절이 좋아요.

(3) O일 경우, 모두 같은 권리와 의무를 가진 점에서는 똑같아요.

X일 경우, 인간이라는 점에서 우리는 서로 비슷하지만 성별, 피부색, 외모, 언어, 성격 등은 사람마다 달라요.

(4) O일 경우, 부모님은 나에게 생명을 주셨으니까요.

X일 경우, 나는 부모에게 낳아달라고 한 적이 없어요.

(5) O일 경우, 거울을 볼 때마다 잘생긴 내 얼굴을 보는 게 좋아요.

X일 경우, 거울에 비친 내 모습이 초라해서 싫어요.

(6) O일 경우, 나는 내가 원하는 대로 생각할 수도 있고, 싫은 것을 거부할 수도 있어요.

X일 경우, 우리는 여자일지 남자일지 선택하지 않았고, 이름도 선택하지 않았어요. 또 우리는 어리기 때문에 부모님이 우리를 대신해서 무언가를 선택해 줄 때도 많아요.

2 안녕, 내 이름은 송마리야. 난 상수리초등학교에 다녀. 나는 키가 작고 눈이 커. 짧은 단발머리에 치마 입는 걸 좋아해. 그리고 책을 무척 좋아해서 도서관이나 서점에 가는 걸 좋아해. 나는 요리도 좋아해서 엄마가 요리하는 걸

생각 새싹을 틔워요   92

1 (1) ㉮ 호모 파베르: 도구의 인간. 인간의 특성과 본질이 물건이나 연장을 만들어 사용하는 데에 있다고 보는 인간관.

㉯ 호모 폴리티쿠스: 인간의 특질 가운데 정치를 통하여 사회생활을 이루어 가는 특질. 정치적 인간이라는 뜻.

㉰ 호모 로쿠엔스: 말을 사용하는 언어적인 인간.

㉱ 호모 그라마티쿠스: 문법적 인간.

㉲ 호모 루덴스: 즐거움을 추구하는 놀이하는 인간.

㉳ 호모 심비우스: 협력하는 인간. 공생하는 인간을 뜻하는 말로, 인간은 물론 다른 생물종과도 밀접한 관계를 이어나가는 인간.

(2) 사람은 말을 할 수 있지만 동물은 말을 할 수 없어요.

(3) 예 호모 뮤지크.
음악을 좋아하고 만드는 인간.

2 (1) 선입견

(2) 예 세미는 하얀 얼굴에 잘 웃지 않았어요. 그래서 세미가 새침한 아이인 줄 알았어요. 하지만 세미와 대화를 해 보니 나와 공통점이 많았어요. 세미는 밝은 아이인데, 처음 만나는 친구와는 부끄러워서 말을 안 한 것뿐이래요. 그때부터 세미와 난 단짝 친구가 되었어요.

(3) 나는 친구를 도둑으로 몰고, 미정이는 억울한 처지에 처했을 거예요. 또 색연필을 찾은 다음에는 미정이에게 미안한 마음에 죄책감이 들었을 거예요.

3 (1) 스스로 자신의 자존감을 버리고 개 흉내를 냈기 때문이에요.

(2) 피터: 싫어. 아무리 빵을 먹고 싶어도 너의 개가 될 수는 없어. 나는 나의 자존심을 버리면서까지 그 빵을 먹고 싶지 않아. 나는 소중한 존재야. 너에게 이런 대접을 받을 수 없어.

(3) ㉯ → ㉮ → ㉰ → ㉱

4 (1) 어린이로 남고 싶은 경우, 어린이로 있고 싶어요. 친구들과 신나게 놀 수 있으니까요. 어른이 되면 돈을 벌어야 해서 힘들 것 같아요.
어른이 되고 싶은 경우, 빨리 어른이 되고 싶어요. 어른이 되면 자유롭게 여행을 할 수 있으니까요.

(2) 키가 작년보다 5센티미터 컸어요. 부모님을 사랑하는 마음은 항상 같아요.

(3) 대부분 사람들은 시간이 지나면서 몸과 마음이 자라요. 하지만 영원한 어린이인 피터 팬은 엄마, 아빠처럼 부모가 될 수 있는 기회를 잃어버렸어요. 또 나이를 먹으면서 깨닫게 되는 다채로운 경험도 할 수 없어요.

5 (1) 시대마다 나라마다 문화적 차이가 있고, 중요하게 생각하는 것이 다르기 때문이에요.

(2) 내면의 아름다움은 변하지 않아요. 다른 사람을 배려하는 마음, 책을 많이 읽고 다양한 지식을 쌓는 등 겉모습보다는 내면을 아름답게 가꾸는 것이 중요해요.

🌱 생각 열매를 맺어요   100

1 (1) ㉠ 아랍권의 이슬람 여성들이 머리를 가리도록 입는 의복의 일종이에요.
㉡ 송나라 때 시작되어 명·청 시대에 유행하였던 것으로, 여성의 발을 작게 만들기 위해 천으로 꽁꽁 동여매어 성장을 멈추게 하는 풍습이에요.

㉢ 신부가 시집갈 때, 친정에서 가지고 가는 돈을 말해요.

(2) ① X, ② O, ③ O

2 이름에 대한 자신의 생각을 적어 보세요.

(1) 🅔 송지훈, 뜻을 세워서 훌륭한 사람이 되라는 뜻이에요.

(2) 🅔 순 우리말 이름이 갖고 싶어요.

(4) 🅔 인류를 위해서 훌륭한 발명을 한 사람으로 기억되었으면 좋겠어요.

3 (1) 사람보다는 돈을 더 귀하게 여기고, 오로지 돈을 모으는 것을 삶의 목표로 삼는 분위기가 팽배해지고 있습니다.

(2) 빌 게이츠 부부. 지금까지 모은 많은 돈을 자식을 위해 일부만 남겨 두고, 대부분을 사회에 환원했어요. 이러한 행동이 널리 알려지면서 많은 사람들이 기부에 동참하게 되었어요.

4 설문 조사를 한 후 (1)~(5)를 작성해 보세요.

💡 생각 농부, 나도 철학자!   106
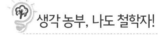

1 자화상을 그려 보세요.

2 사랑하는 아내에게,
어느덧 우리 나이가 100살이 넘었구려. 세월은 참 빠른 것 같소. 젊은 시절에 당신을 만나 이렇게 오랫동안 함께 한 것에 감사하오. 그중에서도 당신과 함께 우주 여행을 다녀온 것을 잊을 수 없다오. 당신은 무섭다며 우주 왕복선 타는 것을 두려워했소. 그런데 우주 왕복선을 타고 지구와 비슷하게 생긴 '왕따레오별'에 도착하자마자 어린아이처럼 좋아하지 않았소. 나는 그 밝은 미소를 잊을 수 없다오. 당신과 함께한 많은 것들이 머릿속을 스쳐 지나가오. 나는 당신과 함께해서 행복했다오. 당신도 나와 같은 마음이기를 바라며.

당신의 남편으로부터

 다른 그림 찾기 108

철학하는 어린이 시리즈

01 행복이 뭐예요?
오스카 브르니피에 글 | 카트린느 뫼리쓰 그림 | 양진희 옮김
★한국 간행물 윤리위원회 청소년 권장 도서

행복의 가치와 행복해지는 법을 알려 줍니다. 어린이들의 일상생활 속에서 일어나는 이야기를 중심으로 행복에 대한 질문을 던지고 답하면서 어린이 스스로 진정한 행복의 의미를 깨닫고 생각하는 힘을 키울 수 있습니다.

02 함께 사는 게 뭐예요?
오스카 브르니피에 글 | 프레데릭 베나글리아 그림 | 이효숙 옮김

다른 사람을 존중하는 마음과 함께 어우러져 살아가는 방법을 알려 줍니다. '함께 산다는 의미'와 서로를 어떻게 배려해야 하는지를 일상의 예를 들어 쉽게 설명합니다. 어린이들이 사회의 일원으로서 서로를 존중하고 배려하는 마음가짐을 갖게 해 줍니다.

03 자유가 뭐예요?
오스카 브르니피에 글 | 프레데릭 레베나 그림 | 양진희 옮김
★초등학교 4학년 1학기 국어 교과서 수록

'자유'는 어릴 때부터 그 의미를 배우는 게 중요합니다. 다양한 질문을 통해 진정한 자유란 무엇인지 어린이의 눈높이에 맞춰 알려 줍니다. 자신의 자유뿐만 아니라 다른 사람들의 자유도 소중하며 존중해야 한다는 것을 일깨워 줍니다.

04 예술이 뭐예요?
오스카 브르니피에 글 | 레미 쿠르종 그림 | 이효숙 옮김

예술은 인생을 아름답게 만들고, 삶을 행복하게 합니다. 어린이들에게 아름다움이 무엇인지, 음악과 미술을 즐길 줄 아는 삶이 얼마나 풍요롭고 행복한 것인지 알려 줍니다. 또한 예술적 상상력이 얼마나 의미 있고 가치 있는 것인지 깨닫게 합니다.

05 나는 누구일까요?
오스카 브르니피에 글 | 오릴리앙 데바 그림 | 박광신 옮김

'나'는 누구이고 '나'의 존재는 무엇인지 생각하게 하는 책입니다. 내면과 외면의 중요성, 살면서 지녀야 하는 책임감에는 어떤 것들이 있는지 등을 스스로 질문하고 깨닫게 합니다. 이를 통해 자신의 정체성을 찾고 자존감 있는 사람으로 성장하도록 이끌어 줍니다.

06 삶이란 무엇일까요?
오스카 브르니피에 글 | 제롬 루이에 그림 | 박광신 옮김

어린이들이 바르고 행복한 삶을 살 수 있도록 안내하는 책입니다. 삶과 죽음, 인생에 대해 여러 가지 질문을 던지고 생각하게 합니다. 이로써 '삶'이 무엇인지 깨닫고, 주어지는 대로 사는 것이 아닌, 자신이 주인공이 되어 삶을 만들어가는 것이 중요하다는 것을 알려 줍니다.

07 감정이란 무엇일까요?
오스카 브르니피에 글 | 세르주 블로흐 그림 | 박광신 옮김

사랑, 질투, 미움, 우정, 수줍음 등 어린이들이 일상에서 겪는 다양한 감정에 대해 이야기합니다. 감정이란 누구나 느끼는 것임을 알려 주고, 감정을 다스리는 방법이 무엇인지 생활 속 다양한 사례로 보여 줍니다. 또한 상대방에게 자신의 감정을 솔직하게 표현하는 것이 중요하다는 것도 알려 줍니다.

08 선과 악이란 무엇일까요?
오스카 브르니피에 글 | 클레망 드보 그림 | 박광신 옮김

어린이들이 생활하면서 맞닥뜨리는 다양한 '선'과 '악'에 관해 생각해 보는 책입니다. 사람들은 서로의 입장과 상황에 따라서 '선'과 '악'에 대한 생각이 다를 수 있습니다. 좋은 것과 나쁜 것, 해야 할 것과 하지 말아야 할 것에 대한 기준을 스스로 세움으로써 도덕적이고 판단력 있는 어린이로 성장하게 될 것입니다.

09 안다는 것은 무엇일까요?
오스카 브르니피에 글 | 파스칼 르메트르 그림 | 박광신 옮김
★책 읽는 서울〈한 도서관 한 책 읽기〉선정

알고 싶은 것도, 궁금한 것도 많은 어린이들에게 '지식'과 '배움'이 무엇인지 생각하게 합니다. 알고 싶은 것을 배우려는 의지를 키워 주고, 궁금한 점에 대해 곰곰이 생각하는 힘을 길러 줄 것입니다. 이를 통해 어린이들은 사고력과 상상력의 폭이 넓어집니다.

10 폭력이란 무엇일까요?
오스카 브르니피에 글 | 안느 엠스테주 그림 | 박광신 옮김

언제 자신이 화가 나거나 폭력적으로 변하는지, 폭력이 어떤 모습으로 표현되는지 등 우리 주변에서 쉽게 벌어지는 폭력의 유형들을 살펴보고 폭력이 지닌 문제에 대해 스스로 생각하게 합니다. 그 과정을 통해 자신의 행동에 대한 기준을 세우고, 폭력으로부터 보호하는 법을 깨닫게 해 줍니다.

철학하는 어린이 워크북 ①, ②
출판기획부 기획·구성

'철학하는 어린이' 시리즈의 책 속 내용으로 여러 가지 질문과 활동을 해 보는 워크북입니다. 각각의 철학적인 주제에 대해 단계별로 흥미롭게 다가갈 수 있게 구성했습니다.

기획 · 구성 | 출판기획부

초판 1쇄 발행 | 2016년 4월 11일
초판 2쇄 발행 | 2021년 1월 5일

펴낸이 | 신난향
편집위원 | 박영배
펴낸곳 | (주)맥스교육(상수리)
출판등록 | 2011년 8월 17일(제321-2011-000157호)
주소 | 서울특별시 서초구 마방로2길 9, 5층(양재동, 보광빌딩)
전화 | 02-589-5133(대표 전화)   팩스 | 02-589-5088
홈페이지 | www.maxedu.co.kr   블로그 | blog.naver.com/sangsuri_i

편집 | 김사랑
디자인 | 이선주
마케팅 | 백민열
경영지원 | 장주열

ISBN 979-11-5571-403-4 64100

정가 12,000원

어린이제품안전특별법에 의한 제품 표시
제조자명 (주)맥스교육(상수리) \ **제조국** 대한민국 \ **제조년월** 2021년 1월 \ **사용연령** 만 7세 이상 어린이 제품